Das Herz
an zwei Orten

Anita Hartmann / Heike Prüshoff

Das Herz
an zwei Orten

Frauen erzählen von Flucht und Neuanfang

Mit einem Vorwort von Gesine Schwan

edition chrismon

Bibliografische Information der Deutschen Nationalbibliothek
Die Deutsche Nationalbibliothek verzeichnet diese Publikation in der Deutschen
Nationalbibliografie; detaillierte bibliografische Daten sind im Internet über
http://dnb.d-nb.de abrufbar.

© 2016 by edition chrismon in der Evangelischen Verlagsanstalt GmbH · Leipzig
Printed in EU

Das Buch wurde auf alterungsbeständigem Papier gedruckt.

Übersetzerinnen der Interviews: Ibtissam Hassoun, Manizheh Rupush
Gestaltung und Satz: Anja Haß
Fotos: Heike Prüshoff
Druck und Bindung: GRASPO CZ a.s., Zlín
ISBN 978-3-96038-001-6

Inhalt

Vorwort
Gesine Schwan

Der Titel „Das Herz an zwei Orten. Frauen erzählen von Flucht und Neuanfang" kommt zur rechten Zeit. Das Buch bietet den Lesern und Betrachtern eindrucksvolle Fotografien und erstaunliche Einblicke in die Lebenswelt von Einwanderinnen in Deutschland. Die Autorinnen geben den Frauen in Interviews und Porträts den nötigen Raum für ihre Lebensgeschichten und gehen gleichzeitig der Frage nach, was ihnen geholfen hat, hier anzukommen, beziehungsweise fragen die neu zu uns Gekommenen, was hilfreich ist.

„Wir sind nicht zum Vergnügen hier", beschreibt eine Frau eindrücklich, die auf dieser Welt zum ersten Mal einen für sie zunächst sicheren Ort gefunden hat. Die Frauen berichten von schlimmsten Erfahrungen und bitteren Enttäuschungen, die sie erleben mussten, einige davon auch in Deutschland, aber auch von positiven Schlüsselerfahrungen. Sie sind bewundernswert bereit, Schicksale hinzunehmen und so mit ihnen umzugehen, dass sie trotz Krieg und Flucht zu einer positiven Lebensbilanz finden. Es steckt viel Weisheit in dieser Haltung von Zufriedenheit.

Freiheit und Sicherheit sind die Güter, die sie im Kontrast zu ihrem Herkunftsland hier besonders schätzen und die sie an ihre neue Heimat binden. Auch wenn sie auf vieles verzichten müssen. „Mir fehlt das Aroma, die duftenden Gardenien, der Jasmin ... und die Sonne", sagt eine Libanesin, die vor mehr als 30 Jahren nach Deutschland kam. „Mir fehlt alles", sagt die syrische Ärztin, die seit anderthalb Jahren hier lebt. „Aber für meine Kinder wird Deutschland die Heimat sein."

„Das Herz an zwei Orten" ist ein Lesebuch. Es ist für jeden interessant, der seinen Blick weiten möchte und ohnehin für all diejenigen, die im Bereich der Integration tätig sind. Aus diesen Geschichten können wir, die hier geborenen Deutschen, lernen, wieviel schon ein herzliches Lächeln für Flüchtlinge bedeutet, wir sehr wir schon mit kleinen Gesten ihr Leben wärmer und lichter gestalten können. Die Geschichten bringen uns das scheinbar Fremde plötzlich ganz nah und machen es uns vertraut. Wenn wir demnächst Fremden auf der Straße begegnen, werden unsere Gedanken wohl zu einer der Geschichten zurückkehren.

Menschlichkeit kommt uns aus diesem Buch entgegen, Wärme und Ermutigung. Man legt es, wenn man einmal angefangen hat zu lesen, nicht gern aus der Hand.

Einleitung
Anita Hartmann und
Heike Prüshoff

„Obwohl das Leben um uns herum durchsetzt ist mit Leid, Sorgen,
Ungerechtigkeiten und verbrecherischen Machenschaften,
besteht es im Großen und Ganzen doch aus Hunderten von kleinen
Zeichen der Aufmerksamkeit und der Großzügigkeit. (…)
Unser Umgang miteinander ist, kurz gesagt, weitgehend getragen
von wechselseitiger Empathie – und zwar aus dem einfachen Grund,
weil dies unserem eigentlichen Wesen entspricht."
J. Rifkin, Die empathische Zivilisation

„Gute Fotos und echte Worte", mit diesem Ziel im Gepäck haben wir unsere Interviewarbeit mit geflüchteten Frauen begonnen. Wir waren neugierig zu erfahren, was diesen Menschen beim Ankommen geholfen hat, was ihnen Kraft gegeben hat und wo die Ressourcen im täglichen Miteinander liegen. Welche Formen der „Alltagskultur" sind dadurch entstanden, was gelingt ohne Anstrengungen – ganz pragmatisch und unspektakulär? Mitten in unserer Recherche hat Deutschland die historische Einwanderungswelle erreicht. Ein Grund mehr, genau hinzuschauen, zuzuhören, sich einzulassen, eigene Haltungen zu hinterfragen. Und mit jedem Menschen, dem wir neu begegneten, fand eine Veränderung statt. Die Lebensgeschichten in diesem Buch sind eine Kostbarkeit und es ist immer eine Ehre, sie erzählen zu dürfen.

Wir stehen vor Haus Nummer 14 und sind zu einem Interview mit einer jungen Frau aus Syrien verabredet. Von ihrem Nachnamen haben wir nur eine vage Idee. Die Gegensprechanlage summt, eine Stimme spricht, die Tür geht auf. In der Wohnung werden wir freundlich begrüßt und zu einem Kaffee eingeladen. Von einer Verabredung jedoch wissen der junge Mann und die Frau nichts. Wir entschuldigen uns und ziehen weiter, müssen aber versprechen, später auf den Kaffee zurückzukommen. An der Haustür nebenan steht derselbe Name auf gleich zwei Klingelschildern. Wir lassen den Zufall entscheiden. Auch hier weiß niemand etwas von einem Interview. Der dritte Anlauf passt. Unsere Gesprächspartnerin lebt in einer Großfamilie mit 29 Personen, alle dicht beisammen.

Wir möchten uns telefonisch mit einer Frau verabreden. Die Kommunikation ist schwierig, obwohl sie etwas Englisch spricht. Datum und Uhrzeit sind schließlich abgestimmt, aber es ist nicht möglich, ihre Adresse zu erfahren. Es raschelt am Telefon, die Frau schaut in ihren Papieren nach, sie versucht zu buchstabieren, sie geht vor die Tür, um die Hausnummer abzulesen und fragt einen Nachbarn, ob er den Straßennamen in das Handy sprechen kann. Er ist hilfsbereit, kann aber offensichtlich selber kein Deutsch. Eine leise Ahnung gibt es schließlich davon, mit welchen Buchstaben der Name beginnt. Vielleicht kann Google Maps helfen.

Eine Frau aus Afrika will uns ihre Geschichte erzählen. Es wird ein langes, übersetzungsreiches Gespräch, bei dem die Worte im Viereck die Runde machen: von einem arabischen Dialekt in den nächsten und nach einer weiteren Zwischenübersetzung schließlich ins Deutsche. Wenn eine Person ihre Position verlässt, fliegen die Worte bis ins Kinderzimmer, zum Wickeltisch oder in die Küche. Es sind sehr ernste und schlimme Sätze dabei, dazwischen gibt es das Lachen der Kinder. Fotos? Nein, ausgeschlossen. Kein Gesicht, keine Hand, kein Schuh, nichts. In den nächsten Tagen beschleicht die Frau ein mulmiges Gefühl. Sie möchte doch besser nicht im Buch erscheinen. Ein letzter Versuch: Alles Persönliche wird umgetextet, die junge Mutter wird zu einer der vielen Frauen, die ihr Schicksal teilen. Und ihre Geschichte darf erzählt werden.

Schon einmal wollte ein Journalist aus Italien ihre Lebensgeschichte hören. Aber sie hat sie ihm nicht erzählt. Mit uns redet sie und sie spricht über viel mehr, als das, was wir beschreiben dürfen, weil es zu gefährlich für sie ist. Nach unserem Gespräch gibt es immer mehr

Vertrautheit und auch Platz für Lebensfreude. In einer SMS schreibt die Frau: *„Hi Sweetie, danke wie geht es dir. Ich vermisse dich sehr und ich liebe dich sehr, hoffen Sie sind in Ordnung."*

Unser Buch heißt „Das Herz an zwei Orten". *„Kann man das so sagen?",* fragen wir unsere Gesprächspartnerin. *„Wir alle haben unser Herz verpflanzt",* sagt sie. *„Ja, wir sind mit unserem Herzen hier angekommen."*

So verschieden die porträtierten Frauen sind, was Herkunft, Alter, Religion oder Bildung anbelangt, eines haben sie gemeinsam: ihren inneren Schrei nach Gerechtigkeit, Sicherheit und Freiheit. Ihre Hoffnung auf eine Zukunft hat sie zu uns gebracht. Wir aber sind verunsichert, haben Angst vor den damit verbundenen Herausforderungen und vor „dem Fremden". Angst ist eine natürliche Reaktion und es gibt sie auf beiden Seiten, auch wenn nicht jeder gern davon erzählt. Machen wir uns darum am besten miteinander bekannt, in aller Dankbarkeit für das, was ein Leben in Deutschland heißt.

Die Dipl. Sozialpädagogin **Heike Prüshoff** hat unterschiedliche interkulturelle Projekte entwickelt und begleitet. Hierbei durfte sie erfahren, dass ein Miteinander von Menschen unterschiedlicher Herkunft vielfach „praktisch" im wahren Wortsinn gelebt wird, jenseits von politischen Debatten und Integrationskonzepten. So weiß die leidenschaftliche Fotografin aus Erfahrung: Wenn Menschen sich gegenseitig ihre Lebensgeschichten erzählen, dann entsteht ein Dialog des menschlichen Miteinanders.

Anita Hartmann kommt aus einer deutsch-russischen Familie. Niemand wunderte sich damals darüber, dass die russische Großmutter und der in Polen aufgewachsene Vater in Deutschland problemlos Wurzeln geschlagen haben. Heute fragt sich die Historikerin beim Kontakt zu den Fußballkameraden ihrer Kinder aus Afghanistan und Syrien und bei der Begegnung mit den neuen Nachbarn, was dazu gehört, damit Integration gelingt. Die Journalistin arbeitet als Pressereferentin im öffentlichen Dienst.

Asia

Diese Lust am Reden, dieses Bedürfnis zu helfen,
dieser Hunger nach einem freien Leben.
Asia hat für sich und ihre Familie noch einiges vor.
Und sie ist voller Zuversicht, es zu schaffen.

Sie haben Ihre Heimat Syrien verlassen. Warum?

Wir waren damals jung! Wir wollten lernen! Wir mussten unbedingt frei sein und wir wollten mitgestalten! Als Studenten haben wir doch über Facebook raus in die Welt geschaut und wir wollten diese Freiheit, die wir dort sahen, auch für unser Land haben. Syrien aber war und ist ein großes Gefängnis. Man darf dort nicht über die Regierung reden, nicht über die Religion. Das war schon vor dem Krieg so. Der Krieg hat die Probleme nur sichtbar gemacht.

Was hat Ihnen damals immer wieder Mut gemacht, was heute?

Die Revolution kommt jeden Augenblick in Syrien an! Diese Idee vom Arabischen Frühling hat uns immer getragen. Neun Jahre lang habe ich zuletzt in Saudi-Arabien darauf gewartet, bevor ich erkannt habe, dass ich nicht mehr in meine Heimat zurückkehren kann. Niemals. Es sei denn, die Revolution kommt doch. Diese Hoffnung habe ich noch immer für unser Land. Jetzt hilft mir die Hoffnung, dass wir bald unseren Platz hier in Deutschland finden.

Welche Pläne haben Sie?

Ich träume davon, wieder als Kinderärztin zu arbeiten und ich werde es schaffen. Ich vermisse meine Arbeit über alles. Sie ist mein Leben. Um für meinen Facharzt in Deutschland die Anerkennung zu bekommen, werde ich noch einmal fünf Jahre lang neben der Arbeit studieren. Auch mein Mann wird das so machen müssen. Und wir schaffen das, sobald unser Deutsch gut genug ist. Ich träume auch für meine Kinder. Frage mich, was sie einmal studieren wollen und sage ihnen, dass sie Sport und Musik machen sollen. Wer Musik liebt, kann anderen Menschen nicht weh tun. Musik entspannt und wer entspannt ist, wird anderen kein Unrecht antun. Daran glaube ich.

**Was glauben Sie, welche Zutaten braucht
ein guter Neustart?**
Der erste Schritt heißt: Deutsch lernen. Dann ist es für mich wichtig, selbstständig zu arbeiten, damit wir vom Sozialgeld unabhängig sind. Und schließlich muss man unbedingt richtige Freunde haben.

Was hat Ihnen bisher geholfen, hier Fuß zu fassen?
Es gibt viele Dinge, die geholfen haben. Manchmal schon ein freundliches Hallo auf der Straße. Das erinnert mich daran, dass auch wir Menschen aus Homs dafür bekannt sind, freundlich und offen zu sein. Dann passiert etwas da drinnen im Herzen, wenn man diese Freundlichkeit erfährt. Ich bin mir sicher, das passiert so nur in Deutschland. Hier haben die Menschen eigene Erfahrungen mit Flucht und Vertreibung aus dem Zweiten Weltkrieg. Was mein persönliches großes Glück ist, dass ich eine richtig gute Freundin habe. Ich habe sie vier Monate nach unserer Ankunft über die Behörde kennengelernt. Seitdem ist sie für mich da, erst ehrenamtlich und jetzt als Freundin.

Wie geht es Ihnen in Deutschland?
Syrien ist und bleibt meine Liebe. Aber ich liebe auch dieses Land für seine Regeln und Gesetze. Hier sind wir zufrieden, das kann ich aus vollem Herzen sagen. Unser erstes Jahr war schwierig: die schwere deutsche Sprache, die vielen Fremden, die neue Schule der Kinder. Manchmal fühle ich mich auch jetzt alleine, trotz Freunden und Bekannten. Aber wir haben eine Zukunft hier. Unseren Kindern geht es gut. Sie vergessen schon manche arabischen Worte und wenn sie miteinander spielen, reden sie deutsch. Sie lernen die neue Sprache so spielerisch, ohne einen Gedanken an den Genitiv oder Dativ. Ihre Heimat wird Deutschland sein.

Begegnung mit Engeln

 Warten zählt nicht zu Asias Stärken. Seit sie in Deutschland lebt, hat sie sich vieles vorgenommen. Zum Beispiel, ihre Angst vor dem Wasser zu überwinden, abzutöten nennt sie das. „Wenn ich Zeit habe, gehe ich schwimmen. Aber ich kann eigentlich überhaupt nicht schwimmen", sagt sie selbstironisch und lacht. Darum hat sie sich für einen Schwimmkurs angemeldet. Aus Angst, den Starttermin zu verpassen, ruft sie alle zwei Wochen an und fragt nach dem Stand der Dinge. Aber es gibt zu wenig lernbereite Nichtschwimmer. Wenn das so weitergeht hat sich Asia das Schwimmen bald selbst beigebracht.

Seit anderthalb Jahren ist Asia zusammen mit ihrem Mann und den fünf Kindern in Deutschland. Die deutschen Worte sprudeln nur so aus ihr heraus, viele begleitet von einem strahlenden Lachen. Einen ersten Sprachtest hat sie bereits absolviert. Aber um arbeiten zu können, genügt dieses Sprachniveau noch nicht. Also hat die studierte Medizinerin kurzerhand nachgefragt, ob sie als Praktikantin im örtlichen Krankenhaus arbeiten kann. Ohne Bezahlung. Weil arbeiten für sie ein Grundbedürfnis ist und weil sie die deutsche Sprache möglichst schnell lernen möchte. Aber sie hat kein Glück. Sie muss erst noch eine weitere Sprachprüfung ablegen. „Also muss ich warten und lernen", stellt sie ungeduldig fest, obwohl es doch nur drei Monate dauern wird.

2005 verließ Asia Syrien und ging als junge Ärztin nach Saudi Arabien. Zuhause in Homs gab es ständig Ärger mit den Eltern, die sich wegen der politischen Aktivitäten ihrer Tochter unglaubliche Sorgen machten. Aus gutem Grund: Freunde von Asia waren bereits aufgespürt und inhaftiert worden. „Auch ich fühlte mich ständig beobachtet, wie ein gefangener Vogel", erinnert sich Asia und hält mit schützender Geste die Arme um sich. Neun Jahre lang lebte sie darum im benachbarten Riad und verdiente als Ärztin gutes Geld, während sie vergeblich auf die ersehnte Revolution daheim wartete.

Eine Zeit lang machte es ihr Spaß, Geld auszugeben und schöne Dinge zu kaufen. Eine willkommene Ablenkung. Doch irgendwann

konnte sie die zwanghafte Umhüllung ihres Körpers nicht mehr aushalten. „Diese langen Röcke und Kopftücher an mir, einfach schrecklich. Ich brauchte ein Shirt und meine Jeans. Ich kann nicht ohne Jeans sein." In Saudi-Arabien jedoch herrschten unerbittliche Regeln und auch hier gab es weder Sicherheit noch Freiheit für Mädchen und Frauen. „Ich hatte dort nichts als Arbeit und Routine und funktionierte wie eine Maschine. Ich lebte fast wie in einem Grab. Kein Traum, kein Leben, keine Freunde." Ihr einziges Glück war die Begegnung mit ihrem zukünftigen Mann, den sie als Arzt im Krankenhaus kennenlernt. Aber irgendwann konnte selbst er nichts mehr gegen die Resignation ausrichten.

Als der Krieg Syrien überrollt, erwachen ihre Lebensgeister. Sie möchte sich einbringen, helfen, die Bilder des Krieges von Riad aus über das Internet in die Welt schicken. Bis zu zwölf Stunden verbringen sie und ihr Mann an freien Tage am Computer und schicken Videos nach draußen. Währenddessen sitzen in den Nachbarwohnungen Eltern und sorgen sich um ihre Kinder, die als Hisbollah-Kämpfer in Syrien sind. Sie sind plötzlich nicht mehr freundlich zu Asia und ihrem Mann und geben ihnen eine Mitschuld am Tod ihrer Kinder. Steine fliegen gegen

ihre Fenster, ihre Arbeitsverträge werden nicht verlängert. Da war es Zeit zu gehen.

„Ich gehe nicht nach Britannien, nur nach Deutschland. Notfalls alleine", verkündete Asia ihrem Mann entschlossen. Eigentlich hatte Deutschland aufgrund seiner Rolle im Zweiten Weltkrieg ein schlechtes Image in Syrien und Saudi-Arabien. Asia waren jedoch die Erzählungen einer deutschen Bekannten im Ohr, die ein so anderes, ein wunderbares Deutschland beschrieben. Darum machte sie sich schließlich auf den Weg in dieses Land, im achten Monat schwanger. Ihr Mann und seine drei Kinder aus erster Ehe würden nachkommen, sobald sie wusste, dass es für die Familie dort eine Perspektive gibt.

An ihren ersten Tag in Deutschland erinnert sich Asia nur zu genau. Es ist der 5. Januar 2014 und ihr Flugzeug kommt morgens um 7 in Frankfurt an. *Wie kann es um diese Zeit so dunkel sein? Was mache ich hier nur? Wohin gehe ich?*, fragt sich Asia. Ihr ursprünglicher Mut weicht einem großen Unbehagen. In der Hand hält sie als Kontakt-adresse die Anschrift eines Goethe-Instituts in einer anderen Stadt. Abends um 18 Uhr, es ist schon wieder stockdunkel, steht sie endlich vor der Eingangstür. Sie ist verschlossen, denn es ist Sonntag. „Da lasse ich all mein Gepäck vor der Tür stehen und laufe durch die Straßen, um jemanden zu finden und um Hilfe zu bitten. Aber ich treffe niemanden. Heiße Tränen laufen über mein kaltes Gesicht und ich weine wie ein kleines Kind." Auf der anderen Straßenseite gehen drei junge Frauen und ein Mann. *Sie sehen so nett und hübsch aus,* denkt Asia, als eine von ihnen aufmerksam zu ihr hinüberschaut. Die junge Frau heißt Emilia. Sie trägt kurz darauf Asias Koffer und Taschen, verstaut sie im Auto und organisiert einen sicheren Platz für die Nacht in einer Jugendherberge. „Sie kam und war mein Engel", sagt Asia voller Zärtlichkeit.

Annette ist ihre zweite Begegnung mit einem Engel. Wenn Asia heute mit ihrer Freundin zusammen ist, reden, reden und reden die beiden. „Mein ganzes Deutsch kommt von Annette", sagt Asia mit leuchtenden Augen. Die junge Deutsche ist für sie Freundin, Schwester, Familie und ein Stück Heimat zugleich. Ihr erzählt sie vom Heimweh und ihrer Sehnsucht nach allem, was nicht mehr ist. Nach den Kollegen, den Geräuschen und Gerüchen, den Straßen, selbst nach dem schlechten Essen in der Kantine. Asia lacht und sie erzählt von ihren Versuchen, mit ihrer Familie in Homs Kontakt aufzunehmen. Jeden Tag sitzt sie am Telefon. Manchmal gelingt die Verbindung und sie kann die Stimmen ihrer Eltern hören, umgekehrt aber nicht. Nur einmal, vor acht Monaten, hat es geklappt. „Wir haben miteinander sprechen können. Ich konnte ihnen sagen, dass es mir gut geht. Wie schön war das!" Auch mit ihrer Schwester konnte Asia sprechen. Doch, es gehe ihnen gut, erzählt die Schwester. Im Hintergrund hört Asia die kleine Nichte weinen, weil sie Hunger hat und Brot essen möchte. Aber es gibt heute nur etwas Reis für die Familie. Auch darüber spricht Asia mit ihrer Freundin. „Manchmal weine ich, wenn ich etwas erzähle, und Annette hört mir einfach zu. Das hilft mir, auch wenn sie nicht helfen kann."

Asias Familie hat sich in Deutschland bisher schnell und gut eingelebt. Fünf Kinder gehören dazu, zwischen zwölf und zwei Jahre alt, vier Mädchen und ein Junge. „Bei uns sagt man: *Wenn ein Mann ein Mädchen hat, hat er Glück. Wenn nicht, hat er Pech*", erzählt Asia und freut sich. Unsinn, wenn manche Muslime aus angeblich religiösen Gründen Jungen bevorzugen würden. Eine falsche Auslegungsweise sei das, mit dem einzigen Ziel, Frauen zu kontrollieren und wie Unmündi-

ge zu behandeln. „Unsere Religion sagt doch, dass Frauen lernen, studieren und arbeiten sollen." So achtet sie darauf, dass sie und ihr Mann sich beruflich gleichberechtigt weiterentwickeln und dass sie sich den Haushalt und die Kinderbetreuung gerecht aufteilen. Selbst in Deutschland sei das häufig nicht der Fall. „Frauen müssen arbeiten, zu Hause alles machen und sich um die Kinder kümmern. Und bei der Arbeit verdienen sie weniger Geld als Männer. Das war eine Überraschung für mich."

Vor einiger Zeit hat Asia in einem Laden zufällig Emilia wieder getroffen. Jetzt hat sie endlich ihre Adresse. Sie möchte ihr unbedingt ihren einzigen goldenen Ring, der noch von ihrer Großmutter stammt, schenken. „Sie soll wissen, was sie für mich getan hat."

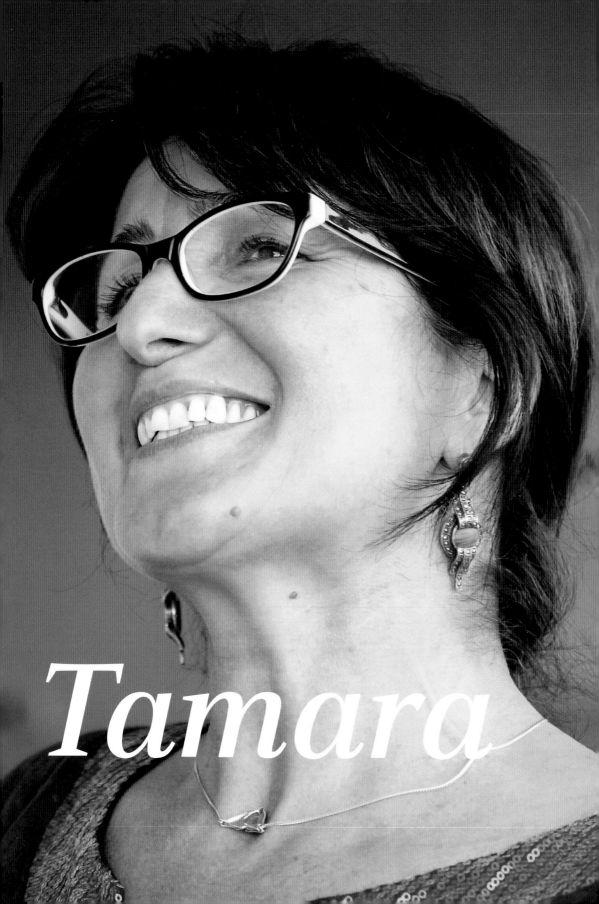

Tamara

Als der Besuch kommt, klappert es noch kurz in der
Küche. Ein süßer Duft zieht durch den Raum und
im Handumdrehen stehen frische Crèpes und Getränke
auf dem Tisch. Im Eiltempo geht es dann weiter durch
die Lebensgeschichte von Tamara.

Warum haben Sie Ihrer Heimat den Rücken gekehrt?

Damals war ich völlig am Boden. Ich lebte in zwei Konflikten: im Tschet-
schenien-Krieg und im Konflikt mit meinem damaligen Ehemann.

Wieso fiel Ihre Wahl auf Deutschland?

Dort, wo ich herkomme, verlierst du deine Kinder, wenn du deinen
Mann verlässt. Da hat meine Schwester, die schon in Deutschland
wohnte, gesagt: Komm nach Deutschland. Hier haben Frauen Rechte.

Was war anfangs die größte Hürde?

Es hat mir damals einen Stoß mitten ins Herz versetzt, wenn die Leute
zu mir sagten: „Die Sprache ist nicht so wichtig." Dabei brauchte ich
diese Sprache, jeden einzelnen Tag. Erst nach fünf Jahren konnte ich
endlich einen Sprachkurs machen.

Was hat Sie in schwierigen Zeiten getragen?

Menschlichkeit hat mir immer geholfen, ganz besonders die anfäng-
liche Hilfe der Frauen vom Sozialprojekt im Stadtteil. Ich begegne auch
heute überall Menschen mit Herz. Anfangs habe ich Toiletten geputzt,
habe Straßen gefegt und immer war ich stolz auf mich. Außerdem habe
ich mir gesagt, dass ich meinen Kindern keine Schwäche zeigen darf,
dass ich stark sein muss. Und dann gibt es Menschen, die wirklich
schlecht dran sind. Verglichen mit ihnen ging es mir sogar damals, am
Anfang, gut. Diese realistische Sicht hat mir immer Kraft gegeben.

Was finden Sie hierzulande gut, was weniger?

Die Deutschen haben eine andere Mentalität als die Tschetschenen. Die musst du erst kennenlernen. Ich mag die Vorsicht, die Distanz der Deutschen. Ich vermisse hier gar nichts. Ich kann hier so sein, wie ich das möchte.

Haben Sie einen großen Wunsch, einen Traum?

Ich wollte immer Ärztin werden. In Russland muss man dafür bezahlen und in der richtigen Partei sein. Das hat mein Vater nicht glauben können – und da habe ich gleich am Anfang meine Prüfungen nicht bestanden. Heute arbeite ich im Altenheim, zum Teil sogar in weißem Kittel. Auch deshalb sage ich immer: Mein Wunsch ist teilweise in Erfüllung gegangen. Mein Traum für die Zukunft ist es, ein kleines Haus zu haben.

Was geben Sie Ihren drei Kindern mit auf den Weg?

Ich sage ihnen: Es gibt einen Gott, einen Planeten Erde, die Menschen und die Natur. Erst einmal ganz ohne Unterschiede. Seid tolerant und seid auch klug. Passt euch an.

Würden Sie sagen, Sie fühlen sich in Deutschland zu Hause?

Hier vollständig angekommen bin ich jetzt nach zwölf Jahren. Da hat meine Chefin mich während einer Feier nicht nur gelobt, sondern gesagt: Tamara, du gehörst zu Deutschland. Und da habe ich mir plötzlich gedacht: Lass los, alles, was du auf dem Herzen hast. Du bist zu Hause.

Schlüssel zum neuen Leben

 4000 Euro sind eine Menge Geld in Tschetschenien. Sie aber nahm die Scheine in ihrer Not einfach aus der Kasse. Nicht weiter schwierig, denn die Geschäfte in der Tankstelle ihres Ehemannes liefen gut. Mit dem Geld bezahlte sie den Schlepper und ein europäisches Visum. Denn obwohl Tschetschenien von Deutschland 2003 als Bürgerkriegsland anerkannt wurde, hatte Tamara auf offiziellem Wege keinen Erfolg. Doch viel schwerer als die Probleme rund um die Flucht selbst wog schon damals die Gewissheit, dass der Ehemann, den sie zusammen mit den drei gemeinsamen Kindern verlassen wollte, sie notfalls bis nach Deutschland verfolgen würde.

Nur zweieinhalb Tage dauerte die Flucht in ihr neues Leben. Nach sechs Monaten Vorbereitungszeit. Mit dem Kleinbus ging es über Moskau und Polen ohne Zwischenfälle nach Deutschland, denn es gab ein griechisches Visum und versierte Kontaktpersonen. So kam Tamara mit ihrer 17-jährigen Tochter, dem 13-jährigen Sohn und dem siebenmonatigen Baby schließlich in Deutschland an, wo sie sich unter falschem Namen und mit zunächst unbekanntem Wohnort eine neue Existenz aufgebaut hat. Über die Versuche ihres Ex-Ehemannes, sie und die Kinder aufzufinden, und über das, was der Krieg mit ihr gemacht hat, spricht die ansonsten mitteilsame Frau nicht. Nur soviel sagt sie: „Länder wie mein Heimatland geben sich modern, sind gesellschaftlich aber weit zurückgeblieben. Ich habe fünf Jahre lang Therapien gemacht und bin stark geworden. Aber wir muslimischen Frauen leben immer in Gefahr."

Restriktiv und reakionär war schon zur Sowjetzeit die Bedingung für ein erfolgreiches Studium: das richtige Parteibuch. Deshalb ist Tamara nicht wie geplant Ärztin geworden, sondern Masseurin und Hand- und Fußpflegerin. In Deutschland musste sie fünf lange Jahre auf eine Arbeitserlaubnis warten. Erst als diese endlich bewilligt war, habe sie sich wieder wie ein vollständiger Mensch gefühlt, erzählt sie. Zur Feier des Tages besuchte sie mit Bekannten ein Restaurant – zum ersten Mal nach all den Jahren des Krieges und des Verzichts. „Ich saß als kleine Frau in meinem Sessel und war ganz groß. Ich hätte fliegen können, es war die ganze Welt für mich."

Noch einmal fünf Jahre hat es gedauert, bis Tamara ihren ersten Sprachkurs machen durfte. Dabei bedeutet Sprache ihr so viel und sie hätte gern viel früher damit begonnen. Darum rät sie heute allen, die neu nach Deutschland kommen: „Lernt unter allen Umständen die Sprache. Egal, ob ihr anfangs richtig sprecht oder nicht. Denn ohne die Landessprache hat niemand eine normale Zukunft." Doch die Sprache allein war nicht der einzige Schlüssel für ein neues, positives Leben. Lange Zeit fehlte dafür auch die unbefristete Aufenthaltserlaubnis. Besonders ihren Kindern legten die fortwährenden Befristungen Steine in den Weg; der Tochter, als sie Hotelfachfrau werden wollte, dem Sohn, der Wirtschaftsassistent oder Kfz-Mechaniker werden wollte. Einen Ausbildungsplatz konnten sie unter dieser Voraussetzung nicht finden. Heute ist ihre Tochter selbst Mutter von zwei Kindern und kellnert gelegentlich. Vielleicht wird sie jetzt, nachdem die Familie seit einem Jahr die lang ersehnte Aufenthaltsgenehmigung ohne Befristung erhalten hat, noch einmal einen neuen Anlauf nehmen. Der Sohn allerdings hat derzeit keine Motivation mehr dazu. Er ist arbeitssuchend, ohne Berufsausbildung.

„Am Anfang kommen die Menschen voller Motivation und Elan, etwas zu lernen und zu schaffen, hierher", sagt Tamara und erzählt damit ihre eigene Geschichte. „Wenn dann nichts umgesetzt werden kann, bricht bei vielen Menschen der Wille. Andere merken über die Jahre hinweg , dass man auch gut vom Sozialamt leben kann." In Deutschland zu arbeiten, so meint sie, lohne sich für einige dann anscheinend nicht. Wer über eine solche Einstellung schimpft, hat Tamaras volles Verständnis. Andererseits sei es aber auch nicht so, dass das Land auf die Neuankömmlinge nur warte und für alle eine Beschäftigung habe.

Tamara fühlt sich immer wohler in ihrem Leben in Deutschland. Sie fühlt sich bei den Menschen, denen sie begegnet, grundsätzlich willkommen. Auch dann, wenn bisweilen ein gewisser Abstand zu spüren ist. Schlechte Erfahrungen hat sie bisher nicht gemacht.

Schade findet Tamara nur, dass sie keine Ausbildung als Altenpflegerin hat. Damit hadert sie ein wenig. Seit zwei Jahren arbeitet sie

als Altenpflegehelferin in einem Seniorenheim und hätte sich gern weiter qualifiziert. Als es im Sommer 2014 unerwartet die Chance dafür gab, weil sie endlich ihre unbefristete Aufenthaltserlaubnis erhielt, hatte sie einen Urlaub in Tschetschenien geplant. Nach zwölf Jahren wagte sie diesen Besuch, um ihre Mutter wiederzusehen und hat sich damit gegen die Ausbildung entschieden. Einen ganzen Monat lang haben die beiden Frauen ihre gemeinsame, verlorene Zeit nachgeholt. Vier Wochen später ist die Mutter gestorben. Was für ein großes Glück, dass sie sich für diese Reise entschieden habe, sagt Tamara noch jetzt.

Ob es noch einen letzten Anlauf gibt? „Die Möglichkeiten und Kräfte sind begrenzt, ich werde jetzt fünfzig", sagt sie lächelnd. Und was macht der jüngste Sohn, der als Baby nach Deutschland kam? „Er holt keine Sterne vom Himmel, aber er gibt sich Mühe", stellt Tamara mit Blick auf seine schulischen Leistungen fest. „Auch ihm merkt man an, dass er etwas erlebt hat."

Shakila

Sie ist eine kleine, zarte Frau. Ihre Familie
und das Leben ist alles, was Shakila hat. Genug,
um neu anzufangen.

Sie und Ihre Familie sind vor drei Jahren aus Afghanistan nach Deutschland gekommen. Wie war die Situation für Sie, als Sie das Land verließen?

Ich habe die Wahrheit erlebt. Wer es nicht gesehen hat, kann es kaum glauben. Im Frühling sind sie immer gekommen und dann mussten wir aus dem Dorf in die Wüste fliehen und dort in Zelten leben. Ungefähr sechs Monate lang und das seit Jahren. Denn die Taliban kennen keine Frauen und keine Kinder. Sie rauben, vergewaltigen und töten.

Was hat Ihnen immer wieder Kraft gegeben?

Mir hat immer mein Glaube geholfen, mein Vertrauen auf Gott. „Ich gebe mein Leben in Gottes Hand", so steht es im Koran. Und ich habe viele Wunder in meinem Leben gesehen. Mein eigenes Wunder ist, dass ich in Deutschland bin, dass ich hier vor Ihnen sitze.

Was wünschen Sie sich jetzt und für die Zukunft?

Ich wünsche mir nichts als Ruhe in meinem Leben. Die Menschen in Afghanistan können keine einzige Nacht in Ruhe schlafen. Ich wünsche mir von ganzem Herzen, dass meine Familie und ich in Deutschland bleiben dürfen und dass wir einen Pass bekommen. Einen, mit dem ich eines Tages noch einmal meine Familie und meine Freunde besuchen kann. Denn ein Heimatland bleibt ein Heimatland und unvergesslich.

Was wünschen Sie sich für Ihre Kinder?

Meinen Kindern sage ich, dass sie in der Schule gute Noten bringen sollen. Das ist sehr wichtig für ihre Zukunft. Und ich sage ihnen, wie

wichtig Freundschaft ist. In Afghanistan sagt man, das Leben ist eine Reise und dafür braucht man einen „Hamsafar", einen Freund fürs Leben.

Was war für Sie bisher in Deutschland hilfreich?

Am Anfang habe ich mich sehr alleine gefühlt, hatte viele Ängste. Inzwischen haben sich die Kinder eingelebt, gehen in die Schule und wir leben in einer eigenen Wohnung. Dabei haben uns unsere Betreuerin von der Stadt und der Integrationslotse besonders geholfen. Ganz ohne großes Bitten von uns. In den Ferien können die Kinder zum ersten Mal eine Reise machen. Sie können dort „andere Himmel" sehen. Das wird ihnen vielleicht guttun, auch ohne uns.

Was gefällt Ihnen in diesem Land gut, was weniger?

Ihr habt so viele gute Dinge in Deutschland. Ich habe mich oft gefragt: Wie kann es so viel selbstverständliche Hilfe geben? Die Hilfe von der Stadt, von den Lehrern, die so behutsam mit meinen Kindern waren. Und von den anderen Menschen. Das war einfach unerwartet für mich und meinen Mann. Was nicht gut ist, ist das Wetter. Es ist meistens schlecht in Deutschland. Mit der Kultur habe ich bisher nicht viel Kontakt gehabt. Denn wegen der Sprache kann ich keine Kontakte aufbauen. Ich kann darum nicht sagen, woran Deutschland vielleicht arm ist. Ich sehe alles nur mit den Augen. Ich vermisse die Deutschkenntnisse. Auch, um mich dankbar zu zeigen. Also lasse ich meinen Kopf hängen und sage nichts. Ich hoffe, die anderen denken nicht: „Sie ist verrückt."

Fühlen Sie sich in Deutschland angekommen?

Zuhause fühle ich mich in Deutschland nach drei Jahren noch nicht. Immer habe ich den Gedanken: „Wie wird es weitergehen?" Besonders nachts. Dann können mir Tabletten diese Unruhe und Schlaflosigkeit nehmen. Aber Gott sei Dank geht es uns zu 90 Prozent hier gut.

Aufbruch ohne Hoffnung

 Wie kann ein Mensch die Strapazen einer solchen Flucht überstehen? Und erst recht die Kinder, die genauso zart wirken wie Shakila selbst. Kerzengerade und ruhig sitzt die Frau vor ihren Gästen auf einem Stuhl. Nur ihren Arm bewegt sie gelegentlich, denn er schmerzt, wenn sie von Vergangenem spricht.

Das Leid in Afghanistan, überall in der Welt bekannt, hatte die Familie bereits seit vielen Jahren erfasst. Die Eltern von Shakila waren im sowjetisch-afghanischen Krieg ermordet worden, mehrere Onkel und viele Freunde durch die gefürchteten Taliban zu Tode gekommen. Es war Frühling, als der Zeitpunkt für die Flucht gekommen war, und die Familie sollte einmal mehr vor den nahenden Taliban in die Wüste fliehen. Da trat die vierköpfige Familie die Flucht in ein anderes Leben an. Zurückgelassen haben sie ihre beiden Hühner, zwei Esel, Schafe und Ziegen und jede Menge teurer Freunde und Familienmitglieder.

„Es lag ein solch schwieriger Weg vor uns, dass man kaum hoffen konnte, dass man irgendwo ankommt", erinnert sich Shakila an die damalige Hoffnungslosigkeit. Aber sie wussten, dass es keine andere Wahl gab. Drei Monate, die kein Mensch erleben möchte, stehen damals vor ihnen. Sie brechen auf mit nichts als ihrem Leben in den Händen und mit Rucksäcken voller Medikamente gegen Fieber und Durchfall, Tabletten gegen Hunger und Durst, mit Desinfektionstinktur, Verbandszeug, einem Handy und mehreren Kilo Pistazien und Nüssen. Kein Mensch dachte da an Erinnerungsstücke, Fotos oder Schmuck. „Die Tiere haben wir in Gottes Hände gegeben."

Vom heimatlichen Gazni aus geht es zunächst zur iranischen Grenze. 15 Tage lang ist die Familie mit den sieben- und neunjährigen Söhnen unterwegs, viel zu Fuß, zum Teil auch gegen gute Bezahlung auf den Ladeflächen der Pickups. Als sie schließlich gemeinsam mit anderen Flüchtenden die Wüste durchqueren, ist es so heiß, dass sie tagsüber schlafen und nachts wandern. Viele Kinder sterben in der Wüste.

Shakila

Shakilas Bruder lebt im Iran. Er versorgt die Flüchtenden mit fehlendem Proviant und begleitet sie zu einem Bus, der sie an die türkische Grenze bringt. Aus Angst vor Misshandlungen und Gefängnis passiert die Familie des Nachts die Grenze und gelangt nach 24 Stunden reglos in einem Lastwagen versteckt schließlich in die Küstenstadt Ezmir. Ein verlassenes Haus dient ihnen als Versteck. Dort harren sie zusammen mit hunderten anderer Flüchtlinge tagelang aus. Auch als die Nahrungsmittelvorräte ausgehen, verlässt keiner das Haus. „Wenn kein Essen mehr da war, haben wir gehungert. Als es kein Wasser mehr gab, blieben wir mehrere Tage lang ohne Wasser."

Eigentlich hätte das Boot, auf das sie warteten, längst von seiner Überfahrt nach Italien zurückgekehrt sein müssen. Leer, ohne einen einzigen Flüchtling, und bereit, neue Menschen aufzunehmen. Aber es kommt nicht. Es ist auf seiner gefährlichen Fahrt untergegangen, zusammen mit all denen, die dort Zuflucht gesucht hatten. Sieben Tage dauert nun die Fahrt über das offene Meer in einem Ersatzboot. Es ist so klein, dass die Menschen eng zusammengepfercht darauf stehen müssen. Als das Boot sein Ziel erreicht, sind alle erschöpft und krank, aber am Leben. Auch Shakila und ihre Familie müssen Kräfte sammeln, um ihr nächstes Ziel zu erreichen. Schweden. Man hatte ihnen erzählt, dass Schweden ein gutes Einwanderungsland sei. Ein Bus bringt sie zunächst in eine namenlose französische Stadt und auf einmal ist die Familie alleine. Keine anderen Flüchtlinge um sie herum, niemand, der ihnen den Weg zeigt. Ausgezehrt landen sie an einem Bahnhof, wo sie mehrere Tage verbringen, nicht in der Lage, jemanden um Hilfe zu bitten.

„Da geschah das Wunder: Jemand sprach uns an", beschreibt Shakila den Moment der Erlösung. Ein Landsmann hatte die Familie über einige Zeit hinweg beobachtet. Er ist hilfsbereit und großzügig und besorgt der Familie Busfahrkarten für ihre Reise nach Schweden. Nach wenigen Stunden erreicht der Bus Deutschland. „Und hier passierte das Schönste und das Schrecklichste zugleich." An der Grenze wurden sie von der deutschen Polizei abgefangen, weil sie keine Papiere hatten. Es hieß, die Familie dürfte in Deutschland bleiben. „Wir hatten das Gefühl, angekommen zu sein. Doch nur wenige Tage später teilten uns die Beamten mit, wir müssten zurück nach Italien! Da waren meine Kräfte am Ende. Ich wurde so krank, dass wir Gott sei Dank bleiben durften."

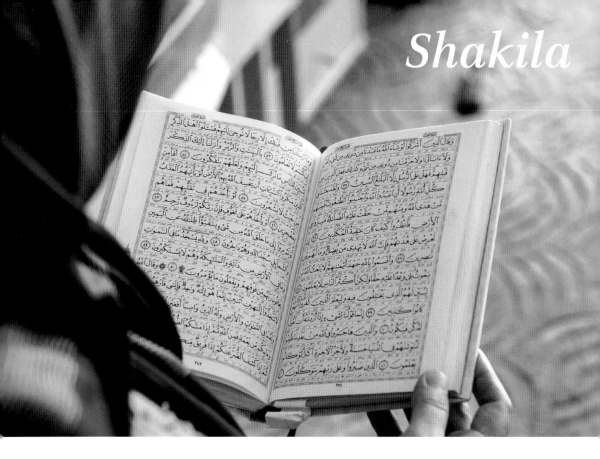

Ihre Geschichte erzählt Shakila in ihrer Muttersprache Farsi, denn einen Sprachkurs hat sie bisher noch nicht gemacht. Sie versucht Wort für Wort von ihren Kindern zu lernen. Ansonsten lässt sie ihrem Mann den Vortritt. Er besucht inzwischen täglich einen Sprachkurs, denn er möchte unbedingt möglichst bald eine Arbeit in Deutschland finden. Nicht nur wegen des Geldes, sondern auch, um immer besser sprechen zu lernen.

Zuhause in Afghanistan lebte die Familie als Bauern auf dem Land. „Dort gab es keine Straßen wie hier, nur staubige Wege", erinnert sich der zwölfjährige Alireza. „Auch einen Wasserhahn gab es bei uns nicht. Das Wasser haben wir einige Minuten entfernt vom Brunnen geholt. Und Mädchen gab es bei uns in der Schule auch nicht. Die mussten zu Hause bleiben." Nachdem der Junge die Grundschule in Deutschland gut gemeistert hat, schaffte er den Sprung ins Gymnasium. Seinem jüngeren Bruder Morteza steht der Schulwechsel noch bevor. Und Shakila gibt ihr Bestes, um eine gute Mutter und Hausfrau zu sein. Ein Gespräch mit den strahlenden, freundlichen Kindern und ein Blick in die gepflegte Wohnung geben einen Eindruck davon. Seit fast einem

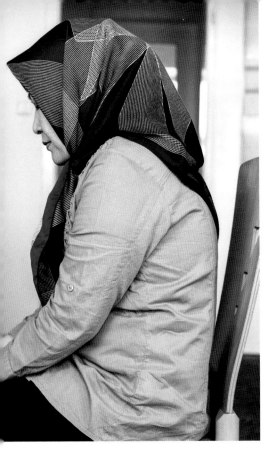

Jahr haben die beiden Jungen eine kleine Schwester. Als sie geboren wurde, hatten die Eltern nicht sofort einen Namen für sie im Sinn. Also fragte die Mutter ihren ältesten Sohn. Schon seit Wochen ging dem Jungen die Melodie einer deutschen Sängerin durch den Kopf. Ja, *Helene* solle sie heißen, so sein Vorschlag. Die sang sich gerade mit ihrem Song „Atemlos" durch die Welt. Irgendwie passend, fand die Familie. Auch wenn die kleine „Helene" nun doch mit einem „a" am Ende geschrieben wird.

Mary

Welcome und *Willkommen* steht über den Türen
und alles ist einladend. Das Licht fällt gedämpft
durch die weinroten Vorhänge, überall gibt es
Dinge zu entdecken. Wie den goldenen Buddha,
den Marys katholische Familie großzügig mit kleinen
Geldgeschenken verwöhnt. Man weiß ja nie …

**Wie war die Situation für Sie, als Sie vor mehr als 20 Jahren
in Deutschland, einem für Sie fremden Land, ankamen?**

Mir hat am Anfang besonders die Freude darüber geholfen, wieder mit
meinem Mann zusammensein zu können. Und natürlich das Wissen,
dass mein bisheriges Leben auf Sri Lanka inzwischen lebensgefährlich
geworden war. Ich habe mir einfach gesagt: „Andere haben es geschafft,
ich schaffe das auch." Dafür gab es die gegenseitige Hilfe und die Kontakte durch meine Kinder im Kindergarten, in der Schule oder beim
Kinderarzt. So habe ich mich allmählich in Deutschland nicht mehr
fremd gefühlt und konnte immer ruhiger werden.

**Was empfehlen Sie heute Menschen,
die neu hierher kommen?**

Lernt die Sprache und integriert euch. Ich versuche zu beobachten und
viel zuzuschauen. Gleich am Anfang habe ich zum Beispiel bemerkt,
dass man Fremde, wie zum Beispiel die Leute im Amt, nicht einfach
duzt, so wie in meiner Heimat. Also tue ich das auch nicht. So einfach
funktioniert das, auch wenn ich vielleicht nicht immer richtig liege. Als
wir in Deutschland geheiratet haben, brachten Arbeitskollegen meines
Mannes auch Alkohol als Geschenke mit. Das macht man in unserer
Kultur nicht. Aber wir fanden das überhaupt nicht schlimm. So etwas
passiert eben.

Was gibt Ihnen Kraft?

Natürlich mein Glaube. Ich gehe oft in die Kirche, auch alleine ohne meine Familie, und ich bete den Rosenkranz. Und dann denke ich auch an die Worte meiner Mutter „Egal, was ist: Familie ist das Wichtigste, sei glücklich darüber!"

Was schätzen Sie an Deutschland, was vermissen Sie?

Hier sind Bildung und Arbeit das Wichtigste. Die Möglichkeiten hierfür sind gut und meine Kinder können sie nutzen. Das ist sehr wertvoll. Was ich in Deutschland vermisse, ist die Wärme. Nicht die innere Wärme, weil Deutschland reich an Wärme und Gastfreundlichkeit ist, ich denke einfach nur an das Wetter.

Haben Sie einen Zukunftswunsch?

Ich habe schon lange Zeit diesen Traum: Wir wohnen alle gemeinsam in einem Haus mit einem Garten. Dort pflanze ich viele bunt blühende Blumen und ernte Obst und Gemüse. So hatten wir es auch in meiner Heimat.

Fühlen Sie sich nach wie vor dort zuhause?

Ich lebe inzwischen mehr als die Hälfte meines Lebens hier in Deutschland. Meine beste Freundin heißt Christa. Sie leitet auch den Deutschkurs, den ich besuche. Meine interkulturelle Frauengruppe von vor 21 Jahren, als ich nach Deutschland kam, ist wie eine Familie für mich. Und schließlich sind meine Kinder hier geboren und selbst mein Mann möchte nicht mehr nach Sri Lanka zurück. Wir fühlen uns in Deutschland zuhause.

Startkapital: Zehn Tage Liebe

 Nur zehn Tage lang waren Mary und ihr künftiger Ehemann verlobt. Dann flüchtete er vor den Kämpfen in der Heimat. Zehn Jahre musste Mary darauf warten, ihn wiederzusehen. Eine lange und gefährliche Probezeit für ein so junges Versprechen.

Es ist das Jahr 1984 und seit rund einem Jahr verunsicherten kriegerische Auseinandersetzungen zwischen Singhalesen und Tamilen den Inselstaat Sri Lanka. Um sich nicht als Soldat an den Kämpfen beteiligen zu müssen, war Marys Verlobter nach Deutschland geflüchtet. Höchstens zwei bis drei Jahre sollte die Trennung dauern, dann würde er zurückkehren. Dass sich der Konflikt so schlimm entwickeln würde, ahnte das junge Paar damals nicht.

Auch für die junge Frau wurde die Situation auf Sri Lanka allmählich immer riskanter. „Die Soldaten waren bekannt dafür, ihre Spiele mit der Bevölkerung zu spielen, besonders als Frau lebte man in ständiger Gefahr", erinnert sie sich. Sie musste sich in Sicherheit bringen. Eine endlos lange Zeit der Gefahr und Ungewissheit begann, in der sie auf ihr Visum wartete. Endlich, nach zehn langen Jahren des Wartens und einem zärtlich geduldigen, mal hoffnungsvollen, mal sorgenschweren Briefwechsel, bekam sie die ersehnten Papiere und konnte ihrem Mann voller Erwartung entgegenreisen.

Ihr erster Blick auf Deutschland fiel aus der Höhe, als das Flugzeug landete. Und sie ahnte schon damals, dass sie diesen Boden nicht mehr verlassen würde. Mit einer dicken Jacke über dem Arm erwartete ihr Mann sie am Flughafen. Es war ein kalter Märztag und die erste Kälte, die seine Verlobte erleben würde. Zehn Jahre waren vergangen, aus der jugendlichen Braut von 18 Jahren war eine erwachsene Frau geworden.

„Und dann hat sie meinen Papa gesehen und sie war glücklich!", sagt Thinesh und lässt mit der Freude seiner Mutter noch einmal das heimische Wohnzimmer erstrahlen. Der 19-Jährige ist in Deutschland geboren und erweist sich als ein geschickter Übersetzer. Das Deutsch seiner Mutter, meint er augenzwinkernd, sei noch ausbaufähig. Darum haben die drei Brüder nun beschlossen, in der Familie nur noch Deutsch zu sprechen. Marys Sprachkenntnisse sind allmählich besser geworden. Erst fünf Jahre nach ihrer Ankunft in Deutschland konnte sie ihren ersten Deutschkurs besuchen. Davor redete eine ältere Nachbarin häufiger mit ihr. Sie sprachen viel miteinander, allerdings weniger mit Worten als mit Händen und Füßen. Geholfen hat es trotzdem.

Etwa zehn Familien gab es damals dort, wo Mary jetzt wohnt, und ihr Zusammenhalt war hilfreich und heilsam. „Außerdem gab es diese Leute, die uns immer halfen. So etwas vergisst man einfach nicht", erinnert sich Mary an ihren ersten Deutschkurs, der ihr Freundschaften fürs Leben bescherte. Und sie denkt an die Menschen, die ihre Kinder gefördert haben: „Ich werde ihnen immer dafür dankbar sein."

Dankbarkeit ist eine sehr lebendige Tugend in Marys Familie. Ihr Mann ist dankbar dafür, dass er seit fast 30 Jahren in Deutschland als Maurer seinen Lebensunterhalt verdienen kann. Die drei Söhne haben ihre Chancen in Schule und Beruf gut genutzt. Nebenjobs waren für sie in der Ausbildungszeit tabu, es musste gelernt werden. „Wenn ihr keine gute Ausbildung macht, sitzt ihr später auf der Straße", mahnte die Mutter. Die beiden älteren Jungen sind als Maschinen- und Anlagenführer in Ausbildung und Beruf, der 15-Jährige macht gerade seinen Realschulabschluss. Alle drei Kinder sind ihren Eltern für vieles dankbar. „Sie haben für uns verzichtet, damit wir etwas Besseres haben", erinnern sich Pyro und sein Bruder Thinesh. Zwei Dinge sind ihnen noch deutlich vor Augen: der coole Schulrucksack von Eastpack und ein eleganter Lamy-Füller. Eigentlich wagten die Jungen es gar nicht, darauf zu hoffen. Doch dann haben ihre Eltern sie mit ihren Herzenswünschen überrascht. „So etwas vergisst man nicht", sagt der 21-jährige Pyro. Über ihre Mutter sagen die Jungen, sie habe den schwierigsten Job von allen. „Sie ist die erste, die aufsteht und die letzte, die schlafen geht. Sie weckt uns, bereitet unser Frühstück, geht einkaufen, versorgt den Haushalt und das von 4.30 Uhr in der Früh bis spät abends. So lange arbeitet keiner von uns."

Alles verläuft soweit nach Plan in Marys Familie. Wenn da nicht diese tiefe Sehnsucht nach der alten Heimat wäre. Den Vater hat es am schlimmsten erwischt, er kann es kaum erwarten, „seine Insel" wieder-

zusehen. Die Kinder sind unterschiedlicher Meinung, aber letztlich wollen auch sie das Land ihrer Eltern kennenlernen und die Verwandten sehen. Die Überraschung ist groß, als auch Vater und Mutter nach der Reise ganz sicher sind, dass die Familie in Deutschland zuhause ist und dass sie alle nur hier leben möchten.

Für die Zukunft hat Mary ihren Traum vom Haus mit Garten als gemeinsames Ziel ins Spiel gebracht. „Alles, was unsere Mutter bisher geplant hat, ist so gekommen", wissen die Brüder. Die Chancen dafür stehen also gut. Die Jungen haben bereits fleißig gespart. Nicht noch einmal zehn Jahre, nur noch zweieinhalb soll Mary auf ihren sehnlichen Wunsch warten. Für das letzte Quäntchen Glück ist der goldene Buddha auf der Anrichte zuständig. Thinesh, der vor einiger Zeit noch Messdiener war, hat ihn seiner Mutter geschenkt. Voller Zuversicht blickt die Figur auf das sonst so katholische Familiengeschehen und freut sich über ihre Geldspenden für eine glückliche Zukunft.

Rawan

Die junge Mutter sagt der Interviewanfrage
so spontan zu, dass es am nächsten Tag schon
losgehen kann. Rawan hat sich nicht nur von
ihrer Heimat trennen müssen, sondern auch von
ihrem Mann. Was gewesen ist, bereut sie nicht.
Aber jetzt möchte sie neu anfangen.

Warum mussten Sie Ihr Heimatland verlassen?

Als der Krieg in Syrien uns alles weggenommen hat, das Auto, die Wohnung, die Arbeit meines Mannes und schließlich sogar Freunde und
Bekannte, sind wir weggegangen. Eigentlich wollten wir in einem arabischen Nachbarland bleiben. Also sind wir erst einmal nach Ägypten
geflüchtet. Aber dort haben wir als Palästinenser keinen Aufenthalt bekommen. Das hat uns die Illusion genommen, in der Nähe unserer Heimat zu bleiben. Flüchtlinge kennen dann nur zwei Länder: Schweden
und Deutschland.

Warum ist es Deutschland bei Ihnen geworden?

Von Deutschland haben wir viel in den Medien, aber auch über andere
Flüchtlinge gehört. Und alles klang positiv. Nachdem meinem jüngeren
Bruder die Flucht nach Deutschland geglückt ist, mussten ich und
meine Familie das auch schaffen. Jetzt sind wir seit zwei Jahren hier.

Woher nehmen Sie Ihren Mut und Ihre Zuversicht?

Ich bin von Natur aus stark. Ich glaube, alle Frauen in meiner Familie
sind das. Wenn ich ein Ziel habe, schaffe ich das auch. So hat meine
Mutter mich erzogen. Sie hat zum Beispiel auch gesagt: Wenn ein
Mann dich schlägt, dann verlasse ihn. Das habe ich getan. Vor einem
Jahr haben mein Mann und ich uns getrennt.

Wie geht es Ihnen damit?

Ich bereue nichts und bin froh, diese große Last los zu sein. Dank der Gesetze in Deutschland dürfen die Kinder auch nach der Trennung bei mir bleiben. Das wäre in Syrien so nicht möglich gewesen. Jetzt kann ich neu anfangen.

Haben Sie einen Herzenswunsch?

Wenn ich ehrlich bin, möchte ich am liebsten Apothekerin werden. Das habe ich schon als Kind meiner Mutter erzählt. Aber ich kann mir auch vorstellen, Arzthelferin zu werden. Zum Glück ist mein Schulabschluss in Deutschland so viel wert wie ein Abitur. Sobald ich meine Sprachprüfung gemacht habe, kann ich mit einem Studium oder einer Ausbildung beginnen.

**Was empfehlen Sie Menschen, die neu
in Deutschland ankommen?**

Als erstes muss man unbedingt die Sprache des Landes lernen. Das allein genügt aber nicht. Man muss auch die Regeln einhalten und den Deutschen gegenüber respektvoll sein. Ich persönlich möchte zeigen, dass ich zuverlässig bin. Als Dankeschön für all das, was ich in diesem Land bekommen habe, möchte ich mich insgesamt von meiner besten Seite zeigen.

Was denken Sie über dieses Land?

Deutschland ist ein Traum. Aber man muss diesen Traum auch leben. Die Möglichkeiten nutzen, sich anstrengen.

Almani – Ach so

Als der Krieg alles zerstört hatte, was sie besaßen, war es Zeit aufzubrechen. Rawan, ihr Mann und die beiden Kinder flüchteten zunächst von Damaskus nach Ägypten. Über ein Jahr lang lebten sie dort. Hier wurde die jüngste Tochter geboren und hier, in einem arabischen Land, wollten sie bleiben. Aber sie bekamen keine Aufenthaltserlaubnis und ohne Papiere hätten ihre Kinder später keine staatliche Schule besuchen können und für eine Privatschule gab es kein Geld. Darum musste die Familie den Weg nach Europa antreten. 2.500 Dollar zahlten sie für die organisierte Flucht. Dafür hatte die junge Frau ihren Brautschmuck verkauft und ihr Mann seinen Verdienst bei einer Spedition eingesetzt. Jetzt machten sie sich mit den beiden Mädchen auf die riskante „Reise". An die Überfahrt durch das Mittelmeer kann sich Rawan kaum erinnern. Nur so viel: Das Boot war 17 Meter lang, 325 Personen waren an Bord. Elf Tage dauerte die Überfahrt und elf Tage lang war Rawan seekrank. Als sie in Italien von Bord gingen, kam sie sofort zum Notarzt.

Rawans 17-jähriger Bruder hatte die Flucht nach Deutschland bereits geschafft. Damit war auch ihr Ziel gesteckt. Nach der geglückten Ankunft in Süddeutschland lebte die Familie zunächst ein Jahr lang in München. Dort lernten Rawan und die Kinder Hans und Gudrun kennen. Das war ihr erster Kontakt zu jemandem aus Deutschland und dabei gleich ein Volltreffer. Denn die beiden ehrenamtlich engagierten Rentner kümmerten sich voller Zuwendung um die Neuankömmlinge. Weil die Familie aber zu ihren Verwandten wollte, musste sie in ein anderes Bundesland umziehen, mussten zum zweiten Mal beginnen. Wenn die Kinder jetzt Sehnsucht haben nach „Oma und Opa", wie alle in der Familie die beiden nennen, schreiben sie ihnen einen Brief, senden eine SMS oder schauen sich das Fotobuch an, das sie zum Abschied von Hans und Gudrun bekommen haben.

Rawans zweite wichtige Begegnung ist die mit ihrem Integrationslotsen, einem Übersetzer aus dem Irak. Wie oft sie ihm schon gedankt hat für die viele Zeit, die er ihr schenkt. Denn es kommt häufig vor, dass

sie bei Behördengängen mit ihrem Englisch nicht weiterkommt. Wenn dann ihr Integrationslotse kommt, notfalls direkt vom Mittagstisch, ist es, „als ob ein kleines Kind, das seine Eltern verloren hat, wieder mit ihnen zusammen ist. So fühle ich mich, wenn ‚mein' Übersetzer kommt und hilft", erklärt Rawan.

Seit einem Jahr lebt die junge Frau getrennt von ihrem Ehemann. Nachdem sie nur noch im Streit miteinander waren und es schließlich sogar zu Gewalt kam, trennten sie sich. Jetzt blickt die 26-Jährige nur noch nach vorn und nimmt sich dabei ein Beispiel an ihren Geschwistern. Ihr 30-jähriger Bruder ist seit kaum mehr als zwei Jahren im Land. Nach einem Intensivsprachkurs hat er eine Ausbildung als Zahntechniker begonnen. Ihr jüngerer Bruder bereitet sich auf sein Abitur und die letzte Sprachprüfung vor, um studieren zu können. Und die beiden Jüngsten sind zusammen mit ihrer Mutter vor fünf Monaten nach Deutschland gekommen. Sie sind 14 und 17 Jahre alt und besuchen ein Gymnasium. Seitdem ihr Leben in geordneteren Bahnen verläuft, hat Rawan sich ein strenges Programm verordnet. Am Vormittag besucht sie einen Integrationskurs, am Nachmittag ein Sprachangebot der Kirche, bei

Rawan

dem auch ihre Kinder, zwei, fünf und sieben Jahre alt, betreut werden. Wenn sie ihre Sprachprüfung gemacht hat, möchte sie unbedingt eine Ausbildung als Arzthelferin beginnen oder Pharmazie studieren, um ihren Traumberuf als Apothekerin auszuüben. Wenn Rawan keinen Sprachkurs besucht, wenn sie nicht in ihrem Buch „Almani: Deutsche Grammatik für Araber" lernt oder Behördengänge erledigt, hört sie Musik. Eigentlich die ganze Zeit über. Songs aus den Charts zusammen mit den Kindern, um mit ihnen dazu zu tanzen, romantische Stücke und Liebeslieder, wenn sie alleine ist. Mit den Kopfhörern über dem Kopftuch, ihrem offenen Blick und sicheren Auftreten wurde sie auf der Straße schon öfter für eine junge deutsche Muslimin gehalten und von Passanten nach dem Weg gefragt. Darüber freut sich Rawan dann wie ein Kind, lächelt freundlich und sagt manchmal nur „Ach so", weil sie so gerne antworten möchte, aber noch zu wenig verstehen kann.

Jamileh ist sich nicht sicher, ob sie aus ihrer Vergangenheit erzählen möchte. Manche Dinge sollten vielleicht besser ruhen. Ihr heutiges Leben aber sieht umso positiver aus.

Was war der Auslöser dafür, dass Sie Ihre Heimat verlassen haben?

Wir mussten innerhalb von nur wenigen Tagen aufbrechen. Bereits zu Studienzeiten und besonders in den Jahren danach hatten mein Mann und ich uns in Teheran politisch engagiert. Zuletzt haben wir auch im Untergrund gegen die schleichende Islamisierung des Irans angekämpft. 1986 mussten wir fliehen. Wir wurden gewarnt, denn Freunde von uns waren bereits verhaftet worden. Es war höchste Zeit.

Was hat es für Sie bedeutet, als Flüchtling in Deutschland anzukommen?

Wissen Sie, ich führte bis dahin ein selbstständiges Leben. So wie meine Geschwister habe ich eine gute Bildung erhalten, ich habe studiert und arbeitete gleichzeitig als Bibliothekarin in der größten Bibliothek Irans. Und auf einmal war ich in Deutschland und hatte Angst vor allem: vor dem Busfahren, den Autofahrten, vor den Frauentreffen. Ich war wie gelähmt. Es gab keinen Kontakt zu meiner Familie, nicht so wie heute, wo man einfach miteinander telefoniert. Aber ich habe einen wunderbaren Mann, ohne ihn hätte ich es nicht geschafft. Er hat mir immer wieder Mut gemacht. Sogar dazu, meinen Schulabschluss nachzumachen und wieder zu studieren. Während meiner Diplomarbeit ist dann mein Vater gestorben und es gab für mich keine Möglichkeit, gemeinsam mit der Familie zu trauern. Ich konnte mich nur in die Arbeit stürzen, weil ich wusste, dass Bildung ganz in seinem Sinn ist.

**Was brauchen Menschen nach Ihrer Erfahrung,
um hier Fuß fassen zu können?**

Es ist ungeheuer wichtig, den „Fremden" Chancen zu geben. Ihnen Möglichkeiten und Wege zu zeigen, wie sie sich fortbilden können, was es für ihre Kinder gibt, wo sie sich aktiv einbringen und arbeiten können. Als wir in Deutschland ankamen, wohnten wir so weit außerhalb, dass ich keinen Deutschkurs erreichen konnte. Da kam eines Tages eine Helferin zu uns, um danach zu fragen, ob uns etwas im Haushalt fehlte. Ich antwortete ihr ganz verzweifelt: *Mir fehlt die Erlaubnis, einen Deutschkurs zu besuchen. Da hilft mir auch kein Kühlschrank.* Sie war so verblüfft darüber, dass wir nichts Materielles haben wollten, dass sie sich sofort für mich einsetzte. Wir sind noch heute befreundet. *Das war ein richtiges Gottesgeschenk,* sagte mein Vater damals aus der Ferne.

**Können Sie sich vorstellen, selbst für Hilfesuchende
aktiv zu sein?**

Ich habe vor vielen Jahren zusammen mit Freunden eine Organisation aufgebaut, die Patenschaften für bedürftige Kinder in Kurdistan vermittelt. Mein Mann und ich sind ja selbst Kurden. Und ich habe noch immer viele Ideen, wie man sich für Frauen und Kinder einsetzen kann. In unserer Nachbarschaft hat gerade ein Asylbewerberheim eröffnet. Dort habe ich meine Kontaktdaten abgegeben. Und gesehen, wie viele, besonders ältere Menschen, dort auch Hilfe leisten. So ist das zumindest in der Gegend, in der wir wohnen.

Fühlen Sie sich inzwischen in Deutschland sicher und wohl?

Ich arbeite seit 16 Jahren als Informatikerin bei einer Krankenkasse und bin jeden einzelnen Tag glücklich darüber. Damals gingen für meinen Mann und mich plötzlich alle Türen auf, denn auch er bekam eine gute Anstellung. Alle unsere Bemühungen wurden damit auf einmal belohnt. Ob ich mich sicher fühle? Ich vermeide es jedenfalls, Bus oder Bahn zu fahren. Dumme Leute, die ihre eigenen Probleme nicht lösen können und dann unangenehm werden, gibt es überall. Man muss das nicht persönlich nehmen. Aber trotzdem macht es einen traurig und bleibt nicht ohne Auswirkung. Auch ich habe seit ich in Deutschland lebe, gelernt, eigene Vorurteile abzubauen, auch anderen Nationalitäten gegenüber.

Erntezeit

Zeit ist für Jamileh und ihren Mann inzwischen ein knappes Gut, denn die beiden Mittfünfziger sind ganztags berufstätig – und zwar in verantwortungsvollen Positionen. Seit etlichen Jahren arbeitet Jamileh als Informatikerin. Sie beschäftigt sich mit java- und html-Formaten und programmiert damit das Oberflächendesign von Kundenanwendungen.

Jetzt, wo alle Welt über die vielen Flüchtlinge spricht, die nach Deutschland kommen, wird auch Jamileh von einigen Kollegen gefragt, wie das bei ihr war, damals, als sie zusammen mit ihrem Mann und Kind aus dem Iran flüchtete. In Kurzform klingt das so: Als junge Studentin war sie jahrelang politisch aktiv, bevor sie unter Khomeini exmatrikuliert wurde und sich zuletzt massiv bedroht fühlte. Sie flüchtete mit ihrer Familie in die Türkei und landete eher zufällig in Deutschland. Ihr Asylverfahren dauerte zwei Jahre. Danach machte sie auf dem Studienkolleg ihr Abitur noch einmal. Sie besuchte die Fachhochschule für Elektrotechnik bis zum Vordiplom, musste zwischenzeitlich das Studium abbrechen, um Geld zu verdienen, und wechselte danach das Studienfach. Mit 40 Jahren war sie diplomierte Informationstechnikerin und fing an, sich um einen Job zu bewerben.

„Ich bin Anfängerin. Ich kann noch nicht gut programmieren und ich bin alt. Er muss verrückt sein", sagte sie sich, als der Personalchef einer großen Krankenkasse ihr den Zuschlag gab. Ihr Gesprächspartner aber sagte nur: „Ich habe Ihren Lebenslauf gesehen. Sie schaffen das." Und Jamileh schaffte es. So wie sie es in den 1980er-Jahren geschafft hatte, mit ihrem Mann zusammen finanziell auf eigenen Beinen zu stehen. Die junge Familie wollte von Anfang an keine Sozialhilfe in Anspruch nehmen. Umso steiniger war ihr Weg. Mit Aushilfsjobs im Supermarkt oder als Hausaufgabenhilfe hielt sich die junge Frau finanziell über Wasser. Und schließlich war das Ehepaar einige Jahre lang mit griechischen Spezialitäten auf Wochenmärkten unterwegs. Dafür musste Jamileh ihr Studium zunächst abbrechen. Schon in der Heimat konnte sie ihr Studium nicht beenden. Damals lehnte sich sie zusammen

Jamileh

mit Kommilitonen gegen die unaufhaltsame Islamisierung der Universitäten auf. Bei ihrer Arbeit als Bibliothekarin nutzte Jamileh mit Kolleginnen die Chance, beschlagnahmte Bücher von politisch Inhaftierten in den Bestand aufzunehmen. „Noch bevor sie zensiert wurden, haben wir sie katalogisiert und damit erhalten können", erinnert sie sich. Aber es gab Spitzel in den eigenen Reihen. Von heute auf morgen ging Jamileh nicht mehr zur Arbeit. „Wir sind keine Unterstützer, keine Mitläufer. Wir kannten uns", sagt die mutige Frau rückblickend. Nach ihrer Zwangsexmatrikulation wurden sie und ihr Mann noch aktiver, organisierten Geheimtreffen und Flugblattaktionen. Als die ersten Freunde verhaftet wurden, musste das Ehepaar mit der dreijährigen Tochter Hals über Kopf das Land verlassen. Es gab nicht einmal einen Abschied.

„Es ist eine unvorstellbare Situation, alles zu verlassen. Zunächst möchte man einfach nur in Sicherheit sein. Danach vermisst du alles." Besonders, weil die junge Familie ohne ihre Herkunftsfamilie geflüchtet ist. Keiner der Verwandten hat den Iran verlassen.

Von der Türkei aus ging es direkt nach Deutschland, ein Land, an das die junge Frau nie gedacht hatte. Aber für ein weiter entferntes Ziel reichte das Geld nicht. Deutschland kannte Jamileh nur aus den Geschichtsbüchern über den Ersten und Zweiten Weltkrieg. Wie würden die Deutschen mit Fremden umgehen?, fragte sie sich. Sie hatte Angst.

„Frauen können einfacher loslassen", sagt Jamileh. „Während Männer in der Regel häufiger mit Landsleuten zusammen sind, kommen Frauen schneller in der neuen Realität an." Darum war es für sie ein bedeutsames Ereignis, im Jahr 2000 zusammenmit ihrem Mann erstmals wählen zu dürfen. Wichtig waren auch die kleinen Vertrauensbeweise, die ihnen im Laufe der Jahre entgegengebracht wurden. Ein Ehepaar, das sie kaum kannte, vertraut ihnen für einige Wochenenden ihr leeres Haus an, Ehrenamtliche nehmen sie völlig unorthodox zu einem Zeltlager mit, dass aufgrund der Residenzpflicht eigentlich zu weit entfernt ist. Eine Bekannte lädt Jamileh zu ihrem Geburtstag ein, obwohl sie von dem ein oder anderen Gast nicht mit offenen Armen empfangen wird. „Manche Dinge musst du mit Humor nehmen. An anderen muss man arbeiten", sagt Jamileh.

Religiös sind Jamileh und ihr Mann nicht. Wer religiöse Feiertage, Feste und Trauertage nicht mit Freunden und Verwandten feiert, fühlt

sich manchmal allein. Das ist der Preis. Anlass zu ernsthaften Sorgen gibt es schon länger nicht mehr. Es ist, als hätte mit Beginn ihres Berufslebens eine üppige, wohlverdiente Erntezeit eingesetzt. Auch Jamilehs Mann, ein ausgebildeter Ingenieur, hat nach einer zweijährigen Fortbildung eine Anstellung als Chemiker gefunden. Ihre gemeinsame Tochter ist stolz auf ihre Eltern. Sie selbst ist Fremdsprachenkorrespondentin und aktuell in Elternzeit. Ihr Mann ist ebenfalls Iraner. „Aber wohl eher zufällig. Ich habe mir für sie auch immer gut einen deutschen Mann vorstellen können. Ich glaube, wegen der Ordnungsliebe und Zuverlässigkeit", sagt die Mutter und lächelt.

In Jamilehs Garten sind die Weintrauben reif. In vollen Reben hängen sie dunkelrot am Weinstock, den ihr die Mutter als kleinen Schössling mitgebracht hat. „Sie sind wie ein Stück Heimat für mich." Wenn Jamileh und ihr Mann neben der Arbeit endlich Zeit finden, werden sie die Früchte ernten.

Nabila

Was Nabila zu berichten hat, ist grausam, aber sie
muss es in Gänze und der Reihe nach erzählen.
Es ist ein langer und behutsamer Erzählfluss. Nur dort,
wo es besonders schlimm wird, gibt es eine Pause.

**Ihre Familie kommt aus der Sahelzone. Sie aber sind in Nord-
afrika geboren und aufgewachsen. Wie kam es dazu?**

Meine Familie musste 1992 aus ihrer Heimat fliehen, weil sie mit einem
gestürzten Machthaber verwandt war. Meine schwangere Mutter und
meine Geschwister waren die einzigen, die sich retten konnten. Alle anderen wurden umgebracht: mein Vater, mein ältester Bruder, Freunde,
Verwandte, selbst kleine Babys. Darum habe ich unser vorheriges Leben
nie kennengelernt, sondern bin auf der Flucht und in Armut geboren.
Ich habe dann den Krieg erlebt, aber ich kann hier nur einen Teil
meiner Geschichte erzählen. Das andere bleibt unaussprechlich und zu
gefährlich.

Haben Sie deshalb Nordafrika verlassen?

Ja, aber es gibt auch eine weitere Geschichte. Es gab da diesen Nachbarn,
einen dreißigjährigen Mann, einen Beamten des Regimes, vor dem ich
mich retten musste. In unser Heimatland konnten wir nicht zurückkehren, dort wurde meine Familie noch immer verfolgt. Darum bin ich
vor vier Jahren nach Europa geflohen.

Warum nach Deutschland?

Weil hier Menschenrechte zählen. Mein Leben lang habe ich niemals
das Recht auf ein beschütztes friedliches Leben bekommen. Dieses
Recht erhoffe ich mir hier.

Nabila

Wie ist es Ihnen bisher in Deutschland ergangen?

Das Schönste für mich war, helfende Menschen kennenzulernen. Gleich am Anfang hat ein Beamter gesagt: „Wir unterstützen euch. Wir helfen dir." Das war ein Glücksgefühl! Und als mich einmal diese junge Frau vom Amt umarmt hat, habe ich danach vor lauter Glück lange geweint. Und wenn ich merke, dass zum Beispiel eine deutsche Frau meine Kinder liebevoll anspricht, kann ich all meine Sorgen vergessen. Ganz schlimm ist es für mich, dass ich falsch operiert wurde. Das hat zumindest ein Arzt zu mir gesagt. Denn ich sehe nach der Operation schlimmer aus als mit den Brandverletzungen zuvor.

Was gibt Ihnen die Kraft, Ihr Leben zu leben?

Ich habe einen Traum, so wie jeder. Ich hoffe, dass irgendwann jemand an meine Tür klopft und mir sagt, dass ich ohne Verfolgung in Sicherheit bin. Mein größter Wunsch ist es, dass meine Kinder mich später einmal schön sehen. Dass ich irgendwann einmal mir selber ins Gesicht sehen kann, ohne täglich an mein Unglück erinnert zu werden. Das gibt mir Kraft und treibt mich an. Ich bin aber auch deshalb stark, weil ich meiner Mutter unbedingt ein wenig von dem zurückgeben möchte, was sie mir gegeben hat.

Was hat Ihre Mutter Ihnen mitgegeben?

Von ihr habe ich vieles gelernt. Man soll zielstrebig sein und nicht aufgeben. Man muss seine Stimme erheben, selbst wenn sie nicht gehört wird. Und: Man muss immer einen Weg suchen. Als ich ohne Bleibe als Flüchtling auf der Straße gelebt habe, schien es nicht weiterzugehen. Und jetzt bin ich in Deutschland.

Woher nehmen Sie den Mut, Ihre Geschichte zu erzählen?

Ich hoffe, dass meine Geschichte und die Geschichten der Frauen in diesem Buch denjenigen, die sie lesen, Hoffnung geben. Und ich erzähle aus meinem Leben, damit die Leute verstehen, wir sind nicht zum Vergnügen hier.

Bleiben können

Man kann einen Blick in die Hölle werfen, darüber erzählen kann man kaum. Nabila versucht es dennoch. „Ich bin dein Herr. Und du bist ein Stück Vieh", hatte der Mann noch gesagt, bevor Nabilas Bruder die klebrigen Annäherungsversuche des 30-Jährigen mit einem Fausthieb beendet hatte. Um ein Uhr nachts brannte daraufhin ihr Haus.

Das Mädchen hatte sich nach dem Erlebnis am Nachmittag in sein Zimmer verkrochen, noch mit dem fordernden „Nabila komm her, Nabila komm her" des Nachbarn im Ohr. Und jetzt wurde sie von der Familie draußen auf der Straße gesucht, während sie schlief und das Feuer die gesamte Wohnung erfasst hatte. Als Nabila schließlich ihr Zimmer verließ und in der Küche ankam, explodierte die Gastherme.

Ein halbes Jahr lang lag das 16-jährige Mädchen danach im Krankenhaus. Solange, bis das Geld für die Behandlung ausging. Die Mutter begann, die noch immer entzündeten Wundstellen mit eigenen Kräutersalben zu behandeln. Mit einem Heilwissen, das sie aus ihrer afrikanischen Heimat mitgebracht hatte. Und es begann ein ungleicher Kampf mit der Familie des Brandstifters. Denn: Nabilas Mutter hatte es gewagt, diesen Mann, einen Beamten des Regimes, anzuzeigen.

Mit viel Geld versuchte man daraufhin wieder und wieder, ihr den Mund zu verschließen, denn der Ruf der einflussreichen Familie schien gefährdet. Die Erpressungsversuche gipfelten schließlich in einem Anschlag auf das Leben ihres jüngeren Bruders, der um Haaresbreite überfahren wurde. Die Mutter sollte endlich ihre Anzeige zurücknehmen. Sie aber blieb standhaft. Am Ende wurde der Täter eine Zeit lang in Gewahrsam genommen. Eine Farce, denn Abend für Abend durfte er nach Hause zurückkehren.

Zum Schutz ihrer Familie organisierte die Mutter daraufhin die Rückkehr in ihr Heimatland. Ein großer Fehler, denn die Familie wurde dort noch immer von den aktuellen Machthabern verfolgt. Frühere Nachbarn waren als Spione eingesetzt worden. Die Familie musste gleich nach ihrer Ankunft das Land wieder verlassen.

„Wieder nach Nordafrika zurückgekehrt, wartete dort mein Glück", sagt Nabila und zeigt ihr seltenes Lächeln, das schnell verfliegt. Sie hatte allein am Rande einer Hochzeitsgesellschaft gesessen, als ihr künftiger Mann sie sah und sich für ihre Geschichte interessierte. Schon kurze Zeit später hielt er um ihre Hand an.

Weil ihr Ehemann eine Anstellung in der Hauptstadt bekam, musste die Familie erneut dorthin ziehen, wo sie im Einflussbereich der gefürchteten Familie des Brandstifters waren. Ein Umzug, den Nabilas ältester Bruder mit dem Leben bezahlen musste. Auf offener Straße wurde er erschossen. Von wem, darüber bestand niemals Zweifel. Nabilas Ehemann nahm sein weniges Geld zusammen und schickte seine Frau zu ihrem Schutz nach Europa. Nonnen nahmen die junge Muslimin dort unter ihre Obhut. Und nicht nur das, sie organisierten auch die Flucht des Ehemannes.

In dem neuen Land musste die junge Familie, deren erster Sohn inzwischen zur Welt gekommen war, unter erbärmlichen Umständen leben. Statt in einer der verwahrlosten Unterkünfte, blieben sie schließlich auf der Straße, ständig in Sorge darum, dass ihnen das Kind weg-

Nabila

genommen wird. So stand schließlich Deutschland als endgültiges Ziel auf dem Fluchtplan.

Das ist die düstere Vergangenheit in Nabilas Leben. Sie ist noch so frisch und reicht jeden einzelnen Tag in die Gegenwart hinein. Etwa, wenn die junge Frau in den Spiegel sieht. Oder wenn Freunde ihres Sohnes im Kindergarten fragen, warum sie so aussehe, und ihr Sohn dann antwortet: „Meine Mutter hat Aua." Dieser Schmerz tut ihr besonders weh.

Ihr neues Leben in Deutschland ist noch jung. Erst seit zweieinhalb Jahren lebt die Familie hier. In dieser Zeit hat Nabila ein wenig Deutsch gelernt. Mit einer perfekten Aussprache formuliert sie ihre ersten Sätze und ihr Ehemann findet es zum Lachen komisch, sie so sprechen zu hören. Er ist ihr einige Schritte voraus, hat bereits Sprachunterricht gehabt und die Erlaubnis, einige Stunden in der Woche zu arbeiten. Eine willkommene Gelegenheit für ihn, deutsch zu sprechen. Wahrscheinlich wird auch seine Ehefrau eines Tages die deutsche Sprache gut beherrschen. Sie hat bis zu ihrem 16. Lebensjahr die Schule besucht und ist klug und beharrlich. Sobald sie neben dem Haushalt und der Versorgung ihrer drei kleinen Kinder die Möglichkeit dafür sieht, will sie damit starten.

Ihre Zukunft, das sind die Kinder und die Hoffnung auf einen sicheren Ort zum Leben, die Hoffnung, bleiben zu können.

Aysel

Auf das eigene Handeln kommt es an, nicht auf Lippenbekenntnisse. Aysel findet, man solle doch erst einmal lernen, gut zu seinen Mitmenschen zu sein. Ganz so, wie es im Koran steht. Dann könne man sich auch erlauben, ein Kopftuch zu tragen.

Was hat Ihre Kindheit in der Türkei geprägt?
Ich erinnere mich, dass wir Kinder ständig draußen waren, den ganzen Tag, und abends sind wir erschöpft ins Bett gefallen. Außerdem habe ich als einziges Mädchen Fußball gespielt.

Zu dieser Zeit etwas Besonderes, oder?
Mein Vater kommt aus der Stadt und war schon immer sehr modern. Er hat keinen Unterschied zwischen Jungs und Mädchen gesehen und war immer schon stolz auf mich. Meine Mutter kommt vom Land und ist eher traditionell. Sie würde es wohl lieber sehen, wenn ich wie ein Diener stehen bleibe, sobald mein Mann dies tut.

Also hat sich Ihr Vater in der Erziehung durchgesetzt?
Richtig. Mein Vater hat in meinem Leben eine große Rolle gespielt. Ohne ihn wäre ich nichts. Zum Beispiel als ich meine Ausbildung zur Arzthelferin in einer anderen Stadt begonnen habe. Da haben die Leute zuvor vieles erzählt, damit mir mein Vater das nicht erlaubt. Aber er hat nur gesagt: „Ich vertraue meiner Tochter."

Wie ist Ihnen der Spagat zwischen den Kulturen gelungen?
Schon während meiner Ausbildung hatte ich alle Freiheiten. Alle Türen standen mir offen – auch Dinge zu tun, die unserer Kultur nicht gefallen hätten. Wenn ich dann vor einer Entscheidung stand, bin ich immer kurz stehengeblieben und habe mich gefragt: „Was wird mein Papa sagen?" Das ist bis heute mein Rezept.

Aysel

Wo fühlen Sie sich zu Hause?

In der Türkei werde ich als „Deutschländerin" betrachtet und es dauert meistens ein bis zwei Wochen, bis ich weiß, wie ich mit den Menschen dort umgehen muss. Anpassung spielt bei mir eine große Rolle. In Deutschland werde ich als Ausländerin angesehen und fühle mich auch als Türkin. Schließlich bin ich fünf Jahre lang in der Türkei zur Schule gegangen. Zu Hause fühle ich mich aber hier in Deutschland.

Welche Rolle spielt die Religion in Ihrem Leben?

Meine Tante hat mir als Kind jeden Tag eine Stunde lang kurdische Gebete beigebracht und unsere Religion erklärt. Noch heute nutze ich eines dieser Gebete jeden Tag mindestens einmal. Zum Beispiel wenn es um die Erziehung meiner Kinder geht. Es heißt: „Gott, bitte hilf mir, nichts Böses zu tun." Dabei haue ich mir fest auf den Oberschenkel, damit es etwas weh tut und ich mich so bremse.

Wie stehen Sie zum Kopftuchtragen?

Ich weiß, dass das Kopftuch eine islamische Pflicht ist. Aber ich sage mir, dass ich zunächst lernen möchte, anderen Menschen gegenüber gut zu sein. Das ist doch erst einmal wichtiger. Also, noch bin ich nicht so weit, ein Kopftuch zu tragen. Das kann ich mir erst später erlauben. Dafür brauche ich Mut. Denn ich muss dafür eine reine Person sein und mit jedem Menschen sehr vernünftig umgehen und anderen gut zuhören können. Das ist zumindest meine Meinung.

Was erträumen Sie sich für Ihre beiden Kinder?

Ich wünsche mir von Herzen, dass sie die kurdische und die türkische Tradition erleben und weitergeben. Und ich wünsche mir, dass sie Gott nicht vergessen.

So wie ein Sohn

Der Tag, an dem Aysel die Türkei verließ, begann als ganz normaler Wochentag. Vom abendlichen Fußballtraining noch etwas müde, saß sie im Unterricht, als ihre Tante ins Klassenzimmer kam und leise mit der Lehrerin sprach. Die Worte Abfahrt und Deutschland fielen, zum Nachfragen aber fehlte die Zeit und der Mut. Zu Hause zog sich das Mädchen hastig seine neuesten Kleider an. Dann ging es direkt zum Flughafen.

Niemals zuvor gab es im Leben der Elfjährigen so viele Tränen, wie an diesem 11. März 1993. Ihre Eltern erzählten den Kindern, dass sie nach Deutschland müssten, weil die Mutter krank sei. Warum also die vielen Tränen der Großeltern, der Tanten und Onkel beim Abschied? In Wirklichkeit, das haben Aysel, ihre Schwester und die drei Brüder erst Jahre später begriffen, flüchteten sie aus politischen Gründen, denn sie sind Kurden. In der Familie wird bis heute nie offen darüber gesprochen. Die Eltern wollten die Kinder schützen, vermutet Aysel. Damals war es in der Türkei schon gefährlich, auf der Straße auch nur kurdisch zu sprechen. Als Kurde politisch aktiv zu sein, war lebensgefährlich. Und Aysels Vater brachte sich schon viele Male in Gefahr, weil er politisch Aktive unterstützt hatte.

„Das Beste, was einem Kind passieren kann, ist, einem guten Lehrer zu begegnen", sagt Aysel heute. Dieses Glück hatte sie gleich zwei Mal. Am Anfang, als sie die Grundschule besuchte und ein türkischer Lehrer ihrer Schwester und ihr zusätzlichen Deutschunterricht gab. Und später in der Berufsschule, als eine Lehrerin sie darin bestärkte, ihren Realschulabschluss zu machen. Aber auch ihre bisher schlechtesten Erlebnisse gehören in die Schulzeit. In der Grundschule gab es damals nur zwei weitere nichtdeutsche Kinder. Zusammen mit ihnen wurde sie von Mitschülern vor der ganzen Klasse gehänselt, bloßgestellt und ausgelacht. Drei Jahre lang sprach sie deshalb in der Schule kaum ein Wort, eine Freundin gab es nicht, am Abend weinte sie oft.

„Du weißt, dass du für mich wie ein Sohn bist", hatte ihr Vater schon einmal gesagt und sie in der Türkei in der Fußballmannschaft ihres Onkels mitspielen lassen. Desjenigen Onkels, der später wegen eines Fahrradaufklebers in den „kurdischen Farben" Gelb, Rot und Grün ins Gefängnis kam. „Du bist wie ein Sohn", sagte er abermals, als es um die schulische und berufliche Zukunft seiner Tochter ging. Er ließ sie frei entscheiden und unterstützte sie, wo er konnte. Weil sie zu ihrem Ausbildungsplatz in eine andere Stadt fahren musste, brachte er seine Tochter drei Jahre lang zum Bahnhof und holte sie wieder ab. Denn ein Bahnhof ist für ein türkisches Mädchen kein guter Ort. Dort gibt es Alkohol, Drogen und Männer. „Was, wenn sie sich dort in irgendjemanden verliebt?", haben die türkischen Bekannten den Vater skeptisch gefragt. Also hat er sie, obwohl selbst als Schweißer berufstätig, begleitet.

Rückblickend sagt Aysel: „Die Berufsschulzeit war bisher die schönste Zeit meines Lebens. Erst hier habe ich begriffen, dass ich reden kann und habe geredet, geredet und geredet." Wenn es nach ihrer Mutter gegangen wäre, hätte die Tochter keine Ausbildung gemacht, früh geheiratet und Kinder bekommen. Aysel hat diesem Wunsch nicht entsprochen, sie hat sich Zeit gelassen. Als sie in den Sommerferien zu den Verwandten in die Türkei fuhr, lernte sie ihren Cousin kennen. Der verliebte sich auf der Stelle und wollte sie heiraten. Da war sie gerade 18 und mitten in der Ausbildung. Ihre Antwort war zunächst ein entschiedenes Nein. Sechs Jahre lang lernte sie daraufhin ihren heutigen Ehemann bei ihren Aufenthalten in der Türkei immer besser kennen, bevor sie ihn schließlich, mit 25 Jahren, geheiratet hat. „Und er ist ein guter Mann. Ich kann nicht sagen, dass ich etwas Falsches gemacht habe", sagt die junge Frau. Seither trägt sie einen Doppelnamen. Dafür hatte sie gekämpft, denn damals galt das in ihrem türkischen Umfeld als zu modern.

Inzwischen ist Aysel seit acht Jahren verheiratet, hat zwei kleine Töchter, ist Hausfrau und plant, einen Heißmangel- und Bügelservice zu eröffnen. Schon ihr Vater hatte als Selbstständiger in der Türkei erfolgreich gearbeitet. Nur eine von etwa 100 Familien besaß damals das, was sein Haushalt zu bieten hatte: einen Fernseher, eine Einbauküche und eine Waschmaschine. Auch Aysels ältester Bruder ist selbstständig. Seit zwei Jahren lebt er wieder in der Türkei und leitet dort eine McDonalds-Filiale. Die ältere Schwester ist wie Aysel gelernte Arzthelferin, nur die beiden jüngeren Brüder haben keinen Ausbildungsabschluss. Aysel glaubt, dass es für jene, die sehr jung die Heimat verlassen müssen,

besonders schwierig ist, ihren Platz zwischen den Kulturen zu finden. „Wenn wir in der Familie gemeinsam die religiösen Feste feiern, etwa das Zuckerfest, spüre ich meine türkischen Wurzeln. Viel mehr als meine jüngeren Geschwister."

Was Aysel an Deutschland richtig gut findet, ist der pflegliche Umgang mit den Tieren und der Natur. „Ich glaube, ich werde später einmal nicht mehr in der Stadt leben. Vielleicht in einem Dorf mit Schafen, Hühnern und Enten. Da freue ich mich jetzt schon drauf", sagt sie mit Blick in die Zukunft, denn wenn sie über ihr Leben spricht, schaut sie nur ungern zurück, sondern möglichst immer nach vorn. Zu Hause fühlt sich Aysel in Deutschland noch einmal mehr, seit ihre Nachbarin im Sommer 2014 zu ihr gesagt hat: „Komm, lass uns feiern. Wir sind Weltmeister geworden!"

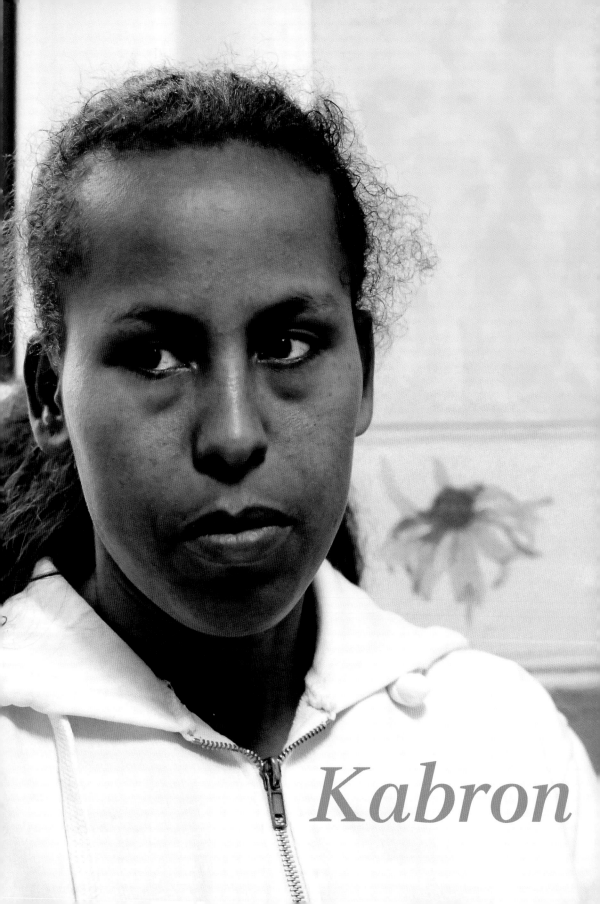

Kabron

Ein karges Zimmer im Souterrain, es ist kühl im Asylbewerberheim. Kabron serviert riesige duftende Kuchenstücke, in denen man sich verlieren kann, heißen Tee mit viel Zucker und eine unvergleichliche Offenheit.

Wie sind Sie nach Deutschland gekommen?

Meine Reise war lang. Ich habe zwei Jahre gebraucht um anzukommen. Aber zuvor musste ich schon als junges Mädchen meine Heimat Äthiopien verlassen. Ich habe dann viele Jahre im Sudan gelebt. Mein Weg hat mich weiter über Libyen nach Italien und Frankreich und schließlich nach Deutschland geführt. Vor vier Monaten sind meine Tochter und ich hier angekommen.

Warum war Deutschland Ihr Ziel?

Mein Ziel war zunächst Europa. In Äthiopien ist man als Frau ohne eine starke Familie und Geld absolut schutzlos. Ich habe das selber erlebt. Im Sudan wäre ich gerne geblieben, konnte es aber nicht. Ich war ohne Papiere und darum auf die Hilfe der evangelischen Kirche angewiesen. Als sie ihren Sitz geschlossen hat, war ich wieder schutzlos. In Libyen bin ich als Ausländerin zusammen mit meiner Tochter im Gefängnis gewesen. Darum Europa. Dass ich nun in Deutschland bin, verdanke ich Gott und den Leuten auf der Straße, die mir geraten haben: *Geh nach Deutschland, da gibt es eine Zukunft für dich.*

Woher haben Sie die Kraft für diese „Reise" genommen?

Ich musste das schaffen! Es durfte nicht sein, dass meine Tochter es einmal so schlecht hat wie ich. Sie ist vier Jahre alt und schon das, was wir auf unserem kurzen, gemeinsamen Weg erlebt haben, hat sie aufgenommen wie eine Kassette. Sie erzählt jeden Tag davon.

Haben Sie Familienangehörige in Afrika?

Ich habe einen jüngeren Bruder. Mit ihm bin ich zusammen in den Sudan gegangen, als meine Mutter uns hinausgeschickt hat. Ich werde jetzt Kraft und Stärke sammeln. Dann werde ich versuchen, zu meiner Mutter in Äthiopien Kontakt aufzunehmen. Ich muss wissen, wie es ihr geht, ob sie überhaupt noch lebt. Und ich muss wissen, wie es meinem Sohn geht.

Sie haben noch ein Kind?

Ja, ich habe auch einen Sohn. Er ist heute elf Jahre alt. Ich habe ihn bekommen, als ich sechzehn war. Als ich nach seiner Geburt in den Sudan gehen musste, ist er bei meiner Mutter geblieben.

Wie geht es Ihnen jetzt in Deutschland?

Ich bin unendlich erleichtert, angekommen zu sein! Ich bin so zufrieden und glücklich darüber. Meine Ankunft hier ist ein einziges schönes Erlebnis. Wie glücklich war ich, als meine Tochter und ich in Friedland angekommen sind. Dort waren ungefähr 2000 Menschen und ich habe dort geholfen, wo ich konnte. Meine Tochter und ich fühlen uns in Deutschland nicht mehr bedroht. Das ist mein größtes Glück.

Haben Sie schon Pläne für Ihre Zukunft?

Ich möchte lernen und arbeiten, am liebsten wieder als Köchin. Das ist mein Ziel. Aber jetzt muss ich erst einmal wieder wie ein normaler Mensch denken können.

Die Leute auf der Straße

 Bis sie 15 Jahre alt war, wurde Kabron von ihrer Mutter versorgt. Dann musste sie hinaus in die Welt und selbst für sich sorgen. Das hat Kabron getan. Die 27-Jährige ist jetzt mit ihrer Tochter in Deutschland angekommen. Sie hat es geschafft.

Wenn ein Mädchen hübsch, arm und schutzlos ist, kann sich an ihr bedienen, wer immer es will. Das ist in Äthiopien so. Kabron kannte den Mann, der sie beim Wasserholen vom Brunnen entführte. Drei Monate lang hielt er sie gefangen und bediente sich ihrer. Als sie schwanger war, setzte er sie wieder vor ihrer Haustür ab. Auch Kabrons Mutter wusste, wer ihre Tochter gefangen genommen hatte, aber was soll eine alleinstehende Frau schon tun? Ihre Kinder aus erster Ehe waren schon längst aus dem Haus und sie selbst von der eigenen Familie so gut wie verstoßen, wegen ihrer Ehe mit dem Vater der jüngsten Kinder. Die Großmutter hat Kabron und ihren Bruder, nachdem der Vater im Bürgerkrieg gestorben war, niemals akzeptiert.

„Kehrt nach Eritrea zurück, wo euer Vater herkommt", sagte Kabrons Mutter, nachdem das Mädchen entbunden hatte. Ihre Oma väterlicherseits versuchte daraufhin, die 16-Jährige und ihren 13-jährigen Bruder nach Eritrea mitzunehmen. Aber das Land lässt niemanden so einfach einreisen, schon gar nicht, wenn er aus Äthiopien kommt. Die Großmutter setzte die Geschwister deshalb in einem Flüchtlingslager ab, sie sollten sich zu Bekannten im Sudan durchschlagen. Im Lager schlossen sich die Kinder einer Gruppe von rund 20 Landsleuten an. Das war ihr Glück. Denn zusammen mit einem weiteren Jungen wurden sie von der Notgemeinschaft ohne Bezahlung auf die organisierte Flucht ins Nachbarland mitgenommen.

Karthoum hieß ihr gemeinsames Ziel. Ein weiterer Schlepper brachte die Flüchtlingsgruppe von der Grenze ins Landesinnere. Als die Geschwister schließlich die Bekannten der Großmutter ausfindig machten, waren diese einverstanden, den jüngeren Bruder bei sich aufzunehmen. Für Kabron war kein Platz. Da rieten ihr Leute auf der Straße,

die evangelische Kirche um Hilfe zu bitten. Die Kirche verschaffte dem Mädchen eine Unterkunft und Arbeit als Putzfrau und nach anderthalb Jahren hatte Kabron so viel Geld gespart, dass sie eine Ausbildung als Köchin beginnen konnte. Sie fand eine Anstellung als Köchin bei einem wohlhabenden Mann, der zusammen mit seinen Ehefrauen und insgesamt 16 Kindern in einem mehrstöckigen Haus wohnte. Es ist ein 21-Personen-Haushalt, den Kabron täglich mit drei Mahlzeiten zu versorgen hatte. Wenn Freunde und Bekannte zu Besuch kamen, wurden es schnell mal doppelt so viele. Acht Jahre lang arbeitete Kabron dort, als plötzlich die Kirche ihre Gemeindearbeit vor Ort einstellte.

Keine Papiere, keine Aufenthaltsgenehmigung und kein kirchlicher Schutz. Für die junge Frau, die inzwischen erneut Mutter geworden ist, ohne näheren Kontakt zum Vater des Kindes zu haben, gab es damit keine Zukunft mehr in diesem Land. Ihr Weg führte sie nach Libyen. Kabron fand Unterkunft und eine Anstellung als Haushaltshilfe. Ein halbes Jahr verging, da wurde sie unerwartet von der Straße weg festgenommen. Der Grund: Sie war eine Ausländerin ohne Papiere und sie trug eine Bibel bei sich. Es kostet sie 2.000 Dakar, sich aus dem

Kabron

Gefängnis freizukaufen. Geld, mit dem sie eigentlich ihren weiteren Weg nach Europa finanzieren wollte. Kurz darauf wird sie wieder festgenommen und sie erlebt die gleiche Situation noch einmal: ein kleiner Raum im Gefängnis zusammen mit vielen Frauen und ihren Kindern, eng zusammengepfercht, sitzend, schlafend. Es gibt zwei Mahlzeiten am Tag, keine Arbeit, keine Abwechslung.

Kabrons große Hoffnung ist ihre Freundin im Sudan. All ihr Erspartes hat sie für Notfälle bei ihr deponiert. Und nun braucht sie das Geld. „Ohne diesen Kontakt wäre ich auf meinem langen Weg gestorben", ist sich Kabron sicher und beschreibt das mehrfach erprobte Prozedere. Immer wenn sie Geld brauchte, musste sie es bewerkstelligen, eine Kontaktperson mit Konto zu finden, ihre Freundin telefonisch zu erreichen und darauf vertrauen, dass die Transaktion funktioniert. Dieses Mal dauerte es lange, bis sie den geforderten Betrag an das Gefängnis zahlen konnte. Erst nach neun Monaten konnten Kabron und ihr Kind den schrecklichen Ort verlassen.

Die junge Frau hatte keine Wahl, sie musste weiterhin in dem gefährlichen Land bleiben, um Geld zu verdienen. Schließlich hat sie ge-

nug gespart. Alleine mit ihrem Kind trat Kabron den gefährlichen Weg an die Küste und die Bootsfahrt über das Mittelmeer an. Drei Tage später erreichte sie Sizilien. Im Flüchtlingslager bekam sie Unterstützung. Eine ehrenamtliche Helferin nahm sie und ihre Tochter einige Tage bei sich auf. Sie durften duschen, essen, sich neu einkleiden und schlafen. Um länger zu bleiben, war die Wohnung zu klein. Beim Abschied gab ihr die Frau Geld für den weiteren Weg. Kabron zieht ziel- und rastlos weiter, landet irgendwo in einer französischen Stadt ohne Obdach.

Es waren die Leute, die auch auf der Straße lebten. Sie haben ihr geraten, nach Deutschland zu gehen. Und sie haben ihr auch einen Tipp gegeben: Lass dich dort festnehmen, dann wirst du in eine Aufnahmeeinrichtung gebracht. Also hat sie sich auf den Weg gemacht. Um zwei Uhr in der Früh ist ihr Zug in Aachen angekommen und dann hat sie am Bahnhof darauf gewartet, dass irgend jemand sie aufgreift. Stunde um Stunde, acht Stunden lang insgesamt. Umsonst. Darum sprach sie schließlich einen Araber an: *Hilf mir, Bruder, wohin muss ich gehen?* Der Befragte setzte sie zusammen mit ihrem Kind in einen weiteren Zug. Im Norden solle es eine Einrichtung für Flüchtlinge geben und

Kabron

im Zug die Chance, ohne Zugfahrkarte aufgegriffen zu werden, meint er. „Aber es funktionierte wieder nicht", erzählt Kabron und lacht über die absurde Situation. Wieder ist es zwei Uhr morgens, als sie in einer fremden Stadt ankommt. Am Bahnhof trifft sie einen Mann aus dem Sudan, der ihr das Gleis für einen weiteren Zug zeigt. *Dort gibt es eine Registrierstelle für Flüchtlinge,* sagt er. Endlich erreicht sie eine Aufnahmestelle, ganz alleine, immer noch ohne Polizeischutz.

Jetzt genießt Kabron die Ruhe und den wärmenden Schutz. Sie geht täglich zum Deutschkurs und hat sich eine Sprachlern-App für ihr Handy gekauft. Seit Wochen sammelt sie Mut und Kraft dafür, um sich bei ihrer Mutter zu melden. Sie wird ihre Freundin auf Facebook nach der Telefonnummer fragen. Sie ist ihr aus dem Gedächtnis gerutscht, ist verloren. Ob es ihr gut geht? Wie es ihrem Sohn geht, den sie nie halten durfte? „Weine nicht, deine Tränen sind wertvoll", sagt unsere arabische Übersetzerin und reicht ihr ein Taschentuch.

Leila

In Afghanistan hatte sie als Juristin gearbeitet.
Aber in Deutschland zählte ihre Ausbildung nicht.
Stattdessen hat sich Leila mit vollem Einsatz
zunächst in die ehrenamtliche Arbeit gestürzt.
Heute arbeitet sie zu ihrer großen Freude außerdem
als Sozialassistentin.

**Sie haben zusammen mit Ihrem Mann und Ihrem damals
sechs Monate alten Kind Afghanistan verlassen. In welcher
Absicht sind Sie nach Deutschland gekommen?**

Wir haben damals vor 30 Jahren das Land verlassen, weil Bürgerkrieg
herrschte. Wir wollten drei oder vier Jahre im Ausland bleiben, um
dann wieder in ein politisch beruhigtes Land zurückzukehren. Hätte
ich damals gewusst, dass mehr als zehn Jahre daraus würden, hätte ich
einen Herzinfarkt bekommen. Und ich hätte natürlich angefangen, hier
noch einmal Jura zu studieren. Mein großer Traum ist es, meine Heimat
ohne Krieg zu sehen. Als ein demokratisches Land, wo man wie ein normaler Mensch leben kann. So wie es früher war.

Würden Sie dann zurückkehren?

Ja! Aber ich habe eine Sehnsucht nach etwas, was so nicht mehr ist.
Denn als ich vor fünf Jahren Afghanistan besuchte, habe ich meine Heimat nicht mehr wiedererkannt. Nicht meine kriegszerstörte Heimatstadt Kabul, nicht die Gesellschaft, die ich kannte. Alles war fremd.

Wie fühlen Sie sich heute in Deutschland?

Als ich von dieser Reise nach Deutschland zurückkam, habe ich mich
hier richtig zuhause gefühlt. In Afghanistan unterstellten mir die Beamten bei Kontrollen immer, ich sei keine echte Afghanin, trotz meines
Ausweises. In Deutschland aber zeige ich meinen deutschen Ausweis,
den ich ja auch habe, und keiner hat den geringsten Zweifel.

Leila

Was ist Ihr persönliches Glück?

Ich sehe im Fernsehen, was die Kinder in den Kriegsländern durchmachen. Mein Glück ist, dass meine Kinder in Frieden aufgewachsen sind und ein ziemlich normales Leben geführt haben.

Sie engagieren sich ehrenamtlich auch für das Wohl anderer Menschen.

Ich leite eine Frauengruppe mit Migrantinnen aus meinem Heimatland. Außerdem referiere ich in meiner Muttersprache zu Themen aus den Bereichen Gesundheit oder Erziehung. Dafür habe ich eine Fortbildung gemacht. Ganz neu in Deutschland angekommene Menschen aus Afghanistan begleite ich bei Behördengängen und übersetze für sie. Das macht mir viel Spaß. Auch wenn es viel Kraft kostet. Aber wenn man seine Heimat liebt, seine Landsleute, überhaupt, wenn man Menschen liebt, dann tut man das gerne.

Was glauben Sie: Gelingt es Frauen leichter als Männern, in einem fremden Land anzukommen?

Ich bewundere an den Frauen, dass sie so aktiv sind. Sie sind voller Wünsche, Ziele und Ideale. Und sie genießen ihre neuen Freiheiten. Frauen sind anpassungsfähig und können ihr Leben so gut meistern. In Afghanistan stehen Frauen ganz unten und Männer ganz oben. In Europa oder auch Amerika sind sie auf gleichem Niveau. Ich aber finde, in Wirklichkeit gibt es keinen Gleichstand: Frauen sind diejenigen, die ganz oben sind.

Immer montags – komm zu mir!

 Damals war Montag ihr Lieblingstag. Ein ganz besonderer Tag, denn am Montag hatte sie jemanden, um sich zu unterhalten. Seit zwei Monaten lebte Leila mit ihrem Mann und Sohn in Deutschland. Sie machte sich zunächst mit ihrem Schulenglisch verständlich und war der festen Überzeugung, eine so schwere Sprache wie die deutsche niemals erlernen zu können. An den 18 Kapiteln ihres Buches „Deutsch für Ausländer" biss sich die studierte Juristin fast die Zähne aus. Da begegnete ihr diese ältere Dame auf der Straße. Die beiden kamen miteinander ins Gespräch oder versuchten es vielmehr. Die eine hatte noch nie zuvor eine Frau aus Afghanistan gesehen, die andere noch niemals jemanden so freundlich in dieser schwierigen Sprache auf sich einreden gehört.

Die Frau sagte: „Mein Gott, du bist ja ganz alleine hier in dieser Stadt", eilte in ihr Haus und kam mit einem Stundenplan in der Hand wieder. „Immer montags habe ich Zeit. Komm zu mir. Bring dein Buch mit, aber lass deinen Sohn bei deinem Mann", rief sie ihr noch zu. Verstanden hat die junge Frau sie kaum. Zuhause lachte ihr Mann. „Sie hat irgendetwas gesagt. Du kannst sie doch gar nicht verstehen", wirft er seiner Frau flapsig entgegen. Am darauffolgenden Montag aber gehen die beiden gemeinsam zum verabredeten Termin. Ihr Ehemann durfte nicht lange bleiben, musste zusammen mit dem Kind Platz machen für ein gutes Lernumfeld. Leila aber ist über ein halbes Jahr lang geblieben. Einmal pro Woche als Schülerin zu Gast bei der pensionierten Lehrerin. Der Kontakt zwischen den Frauen hält bis heute.

„Wo wart ihr, als die Stadt unter Beschuss war? Ihr wart in Europa und Amerika und habt euch vergnügt!", warf der Kontrollbeamte Leila zu, als sie 2010 mit dem jüngsten Sohn und ihrem Mann die erste Reise in die Heimat antrat. Freunde und Verwandte gab es kaum noch, aber sie wollte ihre Studienunterlagen abholen. „Für diese Menschen waren wir keine Afghanen. Für sie waren wir Fremde." Eine bittere Erfahrung. 80 Prozent aller Studienunterlagen seien durch den Krieg verloren gegangen, gab die Archivarin dem Besuch aus Deutschland zu bedenken.

Wie groß war da die Freude, als Leila alle Bescheinigungen ihres Jura-
studiums und ihre Diplomarbeit zum Thema „Kriegsverstöße" dennoch fand. In ihrer Heimatstadt Kabul machte sie später Hunderte von
Fotos. Die Stadt war für sie kaum wiederzuerkennen. Passanten wurden misstrauisch: eine europäisch anmutende Afghanin, die alles mög-
liche fotografiert? Über ihr Anderssein konnte auch der obligatorische
Schleier nicht hinwegtäuschen. „Ich musste diesen Schleier tragen. Das
war schlimm für mich." Nicht, dass Leila zuhause beim Beten keinen
Schleier tragen würde. Aber dieser hier war blickdicht und störrisch
und vor allem war er vom System verordnet. „In den ersten Tagen
rutschte er immer wieder runter. Da kamen von jeder Seite, besonders
von jungen Leuten, Sprüche wie „Bist du hier in Paris oder London?",
erinnert sie sich.

Als sie zusammen mit ihrem Mann Mitte der 1980er-Jahre das
Land verlassen hatte, waren die Kommunisten an der Macht. Die Partei
wollte auf gebildete Leute wie sie, die beide als Juristen in guten Positionen tätig waren, nicht verzichten. Darum bekamen sie keine Pässe.
Aber der Bürgerkrieg wurde schlimmer und schlimmer. Alle Geschwis-

ter und auch die Mutter von Leila hatten sich bereits zur Ausreise entschlossen. Ihr und ihrem Mann aber blieb nur die gefährliche Flucht mit einem Baby. Zu Fuß, im Auto und auf Kamelen ging es vier Tage lang durch die Wüste von Dschalalabad nach Peschawar in Pakistan, in ständiger Angst vor den Mudschaheddin und vor Banditen. Und dann wurde ihr Kind krank. Eigentlich wollte die junge Familie nach Amerika ausreisen, wo bereits einige der Geschwister lebten. Aber zwei Schwestern aus Deutschland rieten unter diesen Umständen davon ab, länger auf die Papiere der amerikanischen Botschaft zu warten. So ist ihr Ziel Deutschland geworden.

Zwei Söhne sind hier zur Welt gekommen. Der älteste Sohn ist als chemisch-technischer Assistent derzeit auf der Suche nach einer Beschäftigung. Der jüngere Bruder ist Berufssoldat und war schon zweimal im Einsatz in Afghanistan. Leilas jüngster Sohn hat gerade Abitur gemacht und möchte studieren. Als ihre Kinder noch klein waren, hat Leila bei Woolworth an der Kasse gejobbt. Nicht einfach, wenn man zuvor als Dozentin sein Geld verdient hat. Inzwischen hat sie, auch dank der geretteten Studienunterlagen, eine Ausbildung als Sozialassistentin machen können. Seit vier Jahren arbeitet Leila in diesem Beruf. Mit wahnsinnig viel Spaß daran, wie sie sagt.

Mit genauso viel Herzblut engagiert sie sich für Migrantinnen. „Schon seit ich in der siebten Klasse war, wollte ich für afghanische Frauen kämpfen", erzählt sie. Heute ist sie stellvertretende Vorsitzende der „Afghanischen Juristen in Europa". Und einmal pro Woche trifft sie sich mit Frauen aus „ihrem Land". Sie lachen, kochen und lernen miteinander. Der Traum vieler Frauen ist es, einen Führerschein zu machen. „Dafür müsst ihr ein bisschen sparen", erklärt sie den Frauen. In der Zwischenzeit übt sie mit ihnen Verkehrsregeln – in deutscher Sprache. Wann darf das gelbe Auto fahren? Wer muss warten? Bei jedem Treffen wird ein Blatt mit Zeichnungen und Prüfungsfragen besprochen. „Ich wünsche mir so sehr, dass sie irgendwann den Führerschein machen", sagt Leila und denkt an die vielen Donnerstage, die es dafür noch braucht. Denn jetzt ist Donnerstag ihr „besonderer Tag".

Noshin

Ein scharfes Urteilsvermögen und eine Begabung
für die Leichtigkeit des Seins. Damit zieht Noshin
ihre Gesprächspartner in den Bann. Wenn sie
nicht selbst aus ihrem Leben erzählt oder darüber
schreibt, hört sie anderen zu.

Warum haben Sie Ihre Heimat verlassen?

1981 war mein schwarzes Jahr. In diesem Jahr mussten wir Schüler täglich zeigen, dass wir mit der Revolution solidarisch waren. Um zwölf Uhr mittags gingen wir alle nach draußen und mussten dort beten. Ich stand einfach immer nur daneben und schaute zu. Wir waren etwa 20 von rund 300 Schülerinnen, die das so machten. Danach bin ich aus der Schule geflogen und war weiterhin politisch aktiv. 1986 gab es die Möglichkeit, über die Türkei und die damalige DDR nach Westdeutschland einzureisen. Mein Partner war bereits nach Deutschland geflüchtet und ich bin ihm gefolgt.

War ihr Verhalten in der Schule nicht ungeheuer mutig?

Wenn man damals im Iran lebte, musste man mit der Angst umgehen. Es herrschte nur die Angst. Alles war verboten – und wir haben das Verbotene erst recht gemacht, zum Beispiel Alkohol trinken. Wir alle haben Alkohol ausprobiert. Und außerdem war ich erst 16 Jahre alt, fast noch ein Kind. Aber ich war bereits politisch aktiv, radikal oppositionell. Das heißt, im Gegensatz zu vielen anderen Gruppierungen auch immun gegen die Verheißungen der ehemaligen Sowjetunion.

Wie haben Sie es geschafft, zuversichtlich zu bleiben?

Wir Lebewesen haben so eine Art göttliche Kraft in uns. Wir müssen sie nur erkennen. Mit dieser schöpferischen Kraft, die wir alle haben, können wir auch in den schwierigen Zeiten überleben. Und ich habe in manchen Zeiten nur überlebt. Heute geben mir auch die Menschen, die

ich in den Deutsch- und Flüchtlingskursen unterrichte, viel Kraft. Auch sie haben ihre Heimat verlassen. Von ihren Geschichten voller Unterdrückung, Leid aber auch Lebensfreude lernt man viel.

Was brauchen Menschen aus restriktiven Systemen, um ein demokratisches Verständnis aufzubauen?

Es gehört eine intellektuelle Bildung dazu, um die Zusammenhänge zu erkennen. Etwa das Zusammenspiel von Gesetzen, Demokratie und Bildung. Wenn man hier lebt, gelten Gesetze. Sie geben uns Sicherheit. Wenn wir nicht gebildet sind, können wir nicht zurückschauen und unseren Anteil an der Geschichte erkennen. Im Iran haben wir nie eine Demokratie gehabt. Wie kann man also die Demokratie fühlen und erklären, wenn man immer nur Despotismus in Familie und Gesellschaft hatte? Die iranische Revolution fiel doch nicht vom Himmel. Sie kam von unserem Volk. Am Ende entscheiden wir uns.

Was bedeutet „Zuhause" für Sie, was Heimat?

Ich fühle mich in Deutschland zum großen Teil wohl und zu Hause. Trotzdem vermisse ich meine Heimat, meine Mutter, die Straßen Teherans geradezu schmerzlich. Die Heimat, das sind die Erinnerungen und die Sprache. Auch wenn Sprache nur ein Instrument ist, um sich zu verständigen. Als Kind bin ich mit persischen Worten umarmt worden. Ich habe in Persisch meinen Hund liebkost, der genauso klein und unerziehbar war wie ich. Das alles schwingt in meiner Muttersprache mit. Wenn ich auf persisch schreibe, wenn ich den Duft der Blumen rieche, wenn ich Bücher lese oder sie einfach in den Händen halte, habe ich dieses Gefühl von Heimat in mir.

Es hat etwas mit Liebe zu tun

 Noshin hatte schon immer ein schnelles Mundwerk. Überall dort, wo sie Despotismus oder Restriktionen spürte, setzte sie sich zur Wehr. Mit dem Resultat, dass sie nicht nur aus der Schule flog, sondern auch den iranischen Wächtern schon bald ein bekanntes Gesicht war. Als ihre Fragen zu unbequem wurden, wurde sie zudem von ihrer linken oppositionellen Gruppierung ausgeschlossen.

„Arbeiten Sie auch ehrenamtlich? Können Sie gut davon leben?", fragte sie den deutschen Angestellten im Rathaus unverblümt. Der wollte Noshin eigentlich dafür gewinnen, sich ehrenamtlich für die vielen Flüchtlinge zu engagieren, die gerade ins Land kommen. Aber das fand der Mitarbeiter dann doch irritierend, nein provokant. Er murmelte etwas von *kein Budget* und der Fall hatte sich erledigt. Noshin gibt seit 1999 Sprachunterricht in Deutsch- und Integrationskursen, mitunter auch ehrenamtlich. Sie tut das gern und vertritt auch hier konsequent ihr Verständnis von Demokratie. Rassismus unter den Nationalitäten etwa hat in ihren Kursen keinen Platz. Einen Traumverdienst garantiert die Honorartätigkeit nicht, aber ihr Einkommen ist immerhin geregelter als zu der Zeit, als sie journalistisch arbeitete.

Mit 22 Jahren kam die junge Frau nach Deutschland. Ihr Asylverfahren dauerte nur wenige Monate, aber bevor Ausbildung und Beruf folgten, gründete das Paar eine Familie. „Das war ein Fehler", sagt sie heute und predigt ihren Töchtern: „Erst der Beruf, dann die Familie." In ihrer Elternzeit besuchte Noshin Sprachkurse, war in der iranischen Community aktiv, schrieb politische Kurzgeschichten und verfasste ihr erstes Buch. Es erschien 1997 unter dem persischen Titel „Ein Blumenstrauß für den Tod". Ihr erster Roman heißt „Verliebte Weintrauben", der in Deutschland als „Unerfüllte Träume einer Iranerin" herauskam und über das Leben von Frauen vor und nach der Revolution erzählt.

Elf Jahre hat es gedauert, bis Noshin der berufliche Ehrgeiz ergreift. Sie besteht die sogenannte Immaturenprüfung und kann beginnen, Germanistik, Religionswissenschaften und Iranistik zu studieren. Sie sucht im Mittelpersischen die Wurzeln ihrer Muttersprache, beschäftigt sich mit Heinrich Böll und Hanna Arendt und schreibt an einem neuen Roman. Als Journalistin arbeitet sie schließlich für zwei persische Redaktionen im holländischen Hörfunk, für Websites und für die Deutsche Welle in Bonn. Und sie verfasst inzwischen auch Texte in deutscher Sprache. „Auf Deutsch bin ich ein bisschen härter", stellt sie fest, nachdem die Töchter bemerken, dass sie als Kinder eher auf Deutsch gemaßregelt wurden als auf persisch. Auch Satiren kann Noshin besser in deutscher Sprache verfassen. Gedichte aber nur auf Persisch: „Gefühle kommen vom Herzen und Persisch ist in meiner Seele und in meinem Herzen verwurzelt."

Bevor Noshin aus dem Iran flüchtete, gab es diese Episode am See. Wie immer war sie gemeinsam mit den Freundinnen in den für Frauen vorgesehenen Badebereich gegangen. Der große Rest des Sees war den Männern und Jungen vorbehalten. Das Wasser glitzerte golden und verheißungsvoll in der Sonne, die ersten jungen Frauen stiegen, züchtig bekleidet und mit Kopftuch in das kühle Nass. Da hat es Noshin aus heiterem Himmel gepackt. Sie hat einfach alle Kleider von sich geworfen, bis auf den BH und ihre Hose, und ist frei und unbeschwert hinterher gesprungen. „Noshin, komm raus! Was ist, wenn sie kommen? Dafür gibt es 70 Peitschenhiebe!", schrien die Freundinnen in Furcht und Schrecken.

Bis auf einen Bruder und eine Schwester haben alle acht Geschwister von Noshin die Heimat verlassen. Sie leben heute in England und Schweden. Bei ihrer älteren Schwester hatte Noshin im Iran nach dem Ende ihrer Schullaufbahn gelebt. In dieser Zeit organisierte sie Aufklärungskampagnen und Demos und war damit nicht alleine. Hunderttausende gingen in den 1980er-Jahren gegen das Regime auf die Straße. Tausende von ihnen landeten daraufhin im Gefängnis, ihre Häuser wurden verbrannt. Auch Freunde wurden verhaftet, vergewaltigt und hingerichtet. „Da habe ich gemerkt, wie völlig fremd mir mein eigenes Land geworden ist." Noshin hat damals viele Bilder gesehen, die sie nicht vergessen wird. „Aber in den deutschen Medien wurde der gewaltsamen Unterdrückung der Opposition im Iran kaum Beachtung geschenkt. Deutschland und Iran pflegten schließlich gute wirtschaft-

liche Beziehungen. „Erst der Mykonos-Prozess, über den ich 1992 als Journalistin in Deutschland recherchierte, stieß auf großes Interesse", reklamiert die Journalistin.

Ihre große Schwester war acht Jahre lang inhaftiert. Ein Mal pro Jahr durften ihre jüngeren Geschwister sie besuchen. Eine Frage der Willkür, ob dabei ein weiteres Familienmitglied festgenommen wurde oder nicht. Was Noshin in dieser Zeit geholfen und getragen hat, ist das, was sie als den möglicherweise „siebten Sinn in uns für das Göttliche" ansieht. „Wenn ich nicht sehen kann, wie kann ich wissen, wie Farben aussehen? Wenn ich nicht hören kann, wie kann ich wissen, wie eine Stimme, wie Musik klingen? Vielleicht gibt es eine Art göttliche Energie, die ich aber nur vermuten kann. Für mich jedenfalls hat es etwas mit Liebe zu tun. Das erkennt man, wenn man die Menschen liebt. Ansonsten verpasst man das Leben."

Um der Menschen willen bleibt Noshin nach wie vor streitbar. Sie kritisiert auch bei muslimischen Frauen ohne Kopftuch die „Kopftücher im Kopf". Nicht sie müssten sich bedecken. Die Jungen und Männer müssten eine andere Erziehung bekommen, weniger unbeherrscht und

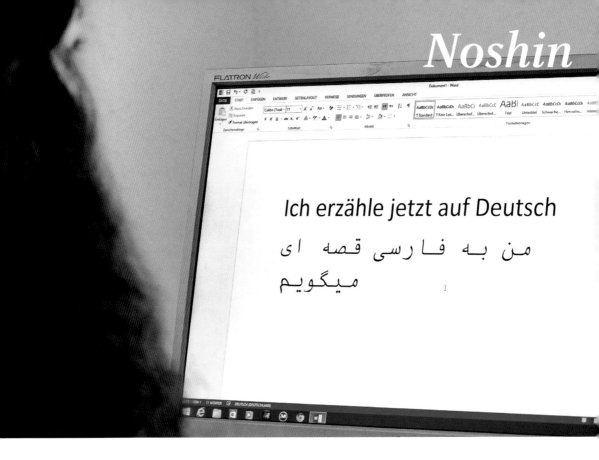

Ich erzähle jetzt auf Deutsch

من به فارسی قصه ای میگویم

wild sein. Das Kopftuch diene einzig der Manifestation einer nicht hinnehmbaren Geschlechterdifferenzierung. „Ich sehe es aber auch kritisch, wenn der Protest gegen das Kopftuch in Schönheitsoperationen und übertriebenem Make-up besteht. Wenn Schönheit zum Wichtigsten für die Frau wird, sind wir einen gewaltigen Schritt zurückgegangen", kommentiert sie den Schönheitswahn nicht nur westlicher Iranerinnen. Ihren Fernseher hat Noshin schon vor Jahren abgeschafft, zu nervig die psychologische Unterwanderung durch die penetrante Werbung. Auch in Deutschland laufe offensichtlich einiges nicht richtig. Konsumgesellschaft, das Los der Einzelkinder, das im Medienrausch verpasste Leben, alles Themen, zu denen sich Noshin zu Wort meldet.

Noshin kommt aus einer traditionsbewussten, gläubigen Familie. Ihr Onkel war Schüler von Revolutionsführer Khomeini und ein bekannter Imam. Die Eltern, besonders die Mutter, gläubige Muslime. Beide legten ausgesprochen viel Wert auf die Bildung ihrer Kinder und billigten deren Entscheidung gegen die islamische Revolution. Noshins Vater ist inzwischen gestorben. Die Familie konnte nicht gemeinsam um ihn trauern, denn keines der geflüchteten Kinder hat aus Angst den

Iran je wieder betreten. Die Mutter ist heute 92 Jahre alt. Sie sagt, es wird bald Zeit und Noshin kann nicht Abschied von ihr nehmen.

Im Moment lebt es sich etwas einsam, trotz der vielen deutschen und iranischen Freunde und Bekannten. Denn beide Töchter sind ausgezogen, die eine nach Frankfurt, um dort Geoinformation und Kommunaltechnik zu studieren, die andere nach Maastricht, wo sie sich für Gesundheitswesen auf Englisch eingeschrieben hat. Früher, als sie alle noch eine Familie waren, die Kinder klein und ihr Papa noch am Leben, hat Noshin den Mädchen viel vorgelesen und immer wieder die Geschichten aus der indischen, griechischen und persischen Mythologie erzählt. Besonders gerne die von den Göttinnen und glorreichen Kämpferinnen.

Mounira

Kein Wort der Klage und des Haderns
geht über ihre Lippen. Mounira hat viel erlebt:
Flucht, Tod, Verlust der Heimat – und die Sorge
um ihre zehn Kinder.

**Seit 24 Jahren leben Sie zusammen mit Ihrer Familie
in Deutschland. Was hilft Ihnen dabei, fern der Heimat
zu sein?**

Wenn ich daran denke, dass in meiner Heimat Autos explodieren und
Bomben Menschen töten, gibt mir das die Stärke, um hier zu sein. Mit
all denen, die noch im Libanon sind, habe ich großes Mitleid.

**Was ist das Fundament Ihres Lebens?
Was hat Sie immer getragen?**

Meine größte Freude war das Teilen, das Teilen des Lebens. Diese Liebe
zu meiner Familie hat mich getragen.

Gibt es für Sie einen Herzenswunsch?

Ja. Ich wünsche mir, die Kinder glücklich zu sehen und: dass ich im
Traum dem Propheten begegne. Einmal habe ich schon seinen Stock
und seine Kleidung gesehen, die in der Sonne trocknete. Ich denke, ich
bin nahe dran, ihm zu begegnen.

Gibt es für Sie auch einen ganz praktischen Wunsch?

Wenn mein Nachbar ein schöneres Auto hat, sage ich mir: „Gott sei
Dank für das, was ich habe."

**Ihre jüngste Tochter lebt noch mit Ihnen zusammen.
Was geben Sie ihr mit auf den Weg?**

Ich wünsche ihr, dass sie einmal heiratet und Kinder bekommt. Dass
ihre Familie in Liebe füreinander da sein wird. Und ich rate ihr, die

Liebe füreinander im Herzen zu fühlen. Nicht nur für die eigene Familie, sondern für alle Menschen und alle Tiere.

Was aus Ihrer Heimat vermissen Sie?

Ich höre noch das ewige Hupen der Autos in den Straßen. Aber mir fehlen eher die schönen, duftenden Gardenien und der Jasmin. Ich liebe die Pflanzen. Mir fehlt das Aroma. Bei allem, was wir hier zubereiten, fehlt das Aroma. Manche sagen, es liegt am Wasser ... Ich vermisse bestimmte Lebensmittel sehr. Und die Sonne! Im Libanon ist es nie richtig kalt. Selbst der Regen ist dort wärmer.

Woran ist Deutschland Ihrer Meinung nach reich, woran arm?

Deutschland ist reich an Sicherheit und an Freiheit. Die Gewalt, die ich von Zuhause kenne, ist hier weit weg. Jeder kann hier in Ruhe und Freiheit für sich sein. Beim Einkaufen neulich war da eine ältere nette Frau. Es gibt auch manche, die nicht mit uns reden. Andere zeigen Herzlichkeit.

Gibt es einen persönlichen Schatz, der Ihr Leben prägt?

„Das Paradies liegt unter den Füßen der Mütter", sagt der Prophet. Das Paradies ist der Lohn für das, was eine Mutter für ihre Kinder erbringt. Die Leute in Arabien reden viel. Da ist es wichtig, in der Erziehung auf den guten Ruf zu achten. Wenn die Erziehung gut ist, dann sagen die Leute zu dem Kind: „Gott soll die Person, die dich erzogen hat, belohnen!" Diese Worte machen mich stolz.

Wenn du von einem Brunnen trinkst

 Es war an einem Nachmittag in Beirut, kurz vor Neujahr 1990. Mouniras Ehemann Hossein kam von der Arbeit nach Hause in seine Wohnung. In der Küche standen Kisten mit Obst und Gemüse, die er für seine Familie auf dem Markt gekauft hat. So viel Obst und Gemüse, so viel Brot – und keiner, der es isst. Denn seine Familie ist weg.

Der Entschluss, dem Bürgerkrieg zu entfliehen, war kurzfristig gefallen. Sie hatten mit eigenen Augen Freunde und Nachbarn sterben gesehen und schließlich auch Mouniras Bruder. Die Flucht nach Deutschland wurde daraufhin innerhalb von wenigen Tagen organisiert. Was der Krieg vom einstigen Wohlstand übriggelassen hatte, wurde verkauft und in die Fluchthelfer, das Auto, die Flugtickets investiert. Mounira sollte zusammen mit ihren sieben Kindern für einige Zeit außer Landes, der Ehemann wollte bleiben. So der Plan. Doch als Hossein an jenem Nachmittag in die leere Wohnung kam, fasste er den Entschluss, ihnen zu folgen.

Zu diesem Zeitpunkt hat seine Familie ihr Ziel in Deutschland schon erreicht. Sie fanden Unterschlupf bei einem Onkel, wo seit einiger Zeit bereits die beiden älteren Söhne der Familie lebten. Die Geschwister und die Mutter packten ihre Habseligkeiten aus. Viel war es nicht, schließlich wollten sie nur für einige Monate bleiben. Die jüngste Tochter hat Kleidung und etwas Schmuck mitgenommen und ihre Barbiepuppe. Die Mutter brachte zwei ihrer schönsten Kleider mit, die der Schneider aus kostbarem Stoff mit bunten Blumen gefertigt hatte. Und den Glücksbringer hatte sie wohlweislich auch eingepackt: eine Kette ihrer Mutter, mit einem Stein aus Mekka.

Als der Ehemann schließlich in Deutschland ankam, dankten sie Gott dafür, dass die Familie vor dem Krieg in Sicherheit ist. Neun Kinder, eine 44 Jahre alte Frau und ihr Mann. Nur der älteste, damals 30-jährige, Sohn ist zurückgeblieben. Um ihn sorgen sie sich bis heute.

1990 herrschte Fußballfieber in Deutschland. Es war Weltmeisterschaft. Mounira freute sich über jedes gewonnene Spiel der Deutschen.

Mounira

Und sie gewannen oft, wurden schließlich Weltmeister. Kein einziges Spiel verpasst die Frau seither und ist immer für die Nationalelf.

Anders als zunächst geplant fing die Familie an, sich auf einen längeren Aufenthalt einzustellen. Aber immer mit der Idee, eines Tages wieder in die Heimat zurückzukehren. In ihrer ersten Unterkunft wohnte nebenan ein Mann, der Anschluss bei der Familie suchte, denn seine Frau hatte ihn mit seinem Sohn verlassen und er war einsam. Es war Ramadan und er liebte Mouniras Fladenbrot und die köstlichen Speisen beim Fastenbrechen. Und er mochte den jüngsten Sohn, Mohadin, der ihn an seinen eigenen Jungen erinnerte. Eines Abends war es laut in der Nachbarwohnung. Männer waren zu Besuch. Betrunkene. Das Gelage war noch in vollem Gang, als die Familie zu Bett ging. „Mohadin, Mohadin!", schrillt es mitten in der Nacht durch das Treppenhaus. Es ist die Stimme des Nachbarn. Der älteste Sohn reagiert schnell, riecht und sieht das Feuer im Treppenhaus und reißt die Familie aus dem Schlaf. Als sie fluchtartig das Haus verlassen, steht die Treppe schon in hellen Flammen. Über den Brandanschlag wurde in den Wochen danach viel in den Zeitungen geschrieben.

Ja, es hat diese schlimme Geschichte gegeben, und ein bitteres Gefühl ist davon geblieben. Mounira und ihre jüngste Tochter Ibtissam erzählen sie nur ungern. Was für sie mehr zählt, sind die guten Begegnungen. Zum Beispiel beim Gartenprojekt der Gemeinde, das 2003 begonnen hat. Noch heute, erzählt die Tochter, seien es die Nachbarn im Garten, die den Außenkontakt der Eltern darstellen. Als Analphabetin hat die Mutter es nie geschafft, die deutsche Sprache zu erlernen. Die Kontakte zu Deutschen waren darum stets begrenzt. „Allerdings gab es von Anfang an nette Menschen, die uns geholfen haben. Zu Ostern und Weihnachten lagen sogar Geschenke vor der Tür", erinnert sich Ibtissam.

Einmal noch hat es den Versuch gegeben, in die Heimat zurückzukehren. Voller Freude planten Mutter und Tochter 2006 einen Urlaub im Libanon. Doch nur zwei Tage nach ihrer Ankunft entflammte der Bürgerkrieg erneut. Sie verbrachten zehn angstvolle Tage in Kellern und Verstecken und konnten sich schließlich nur mit viel Glück zurück nach Deutschland retten.

Und wie ist es heute, nach 25 Jahren, für Mounira in Deutschland? „Mein höchstes Gut ist es, hier in Sicherheit zu sein. Ich liebe das

Land, das mir diese Sicherheit gegeben hat", sagt sie. Wie viel wiegen dagegen Sorgen um die berufliche Sicherheit? Der Ehemann Hossein, der es als Installateur in Beirut zu einem guten Auskommen gebracht hat, ist seit seiner Ankunft in Deutschland ohne Arbeit. Sie selbst war immer Mutter und Hausfrau, und die großen Kinder dachten zunächst nur daran, Geld für die Familie zu verdienen, mit Gelegenheitsjobs und in der Fabrik. Das hat seinen Preis, denn bis auf zwei Geschwister hat heute keines eine abgeschlossene Berufsausbildung. Für ihren Lebensunterhalt können sie allerdings fast alle sorgen, als Selbstständige oder Angestellte.

"Wenn ich einmal Kinder habe, sollen sie Abitur machen", sagt Ibtissam deshalb. Auch für sie ist es trotz ihrer Ausbildung als Sozialassistentin ungeheuer schwer, eine Anstellung zu finden. Aufgrund ihres Kopftuches hat sie schon öfter negative Erfahrungen gemacht. "Aber", so sagt sie, "ich ändere meine Gedanken deswegen nicht. Gott hat uns als Völker geschaffen, damit wir trotz unserer unterschiedlichen Herkunft und Sprache miteinander leben. Ich bleibe so, wie ich bin." Und die Eltern sagen zu ihr: "Hab Geduld. Es sind nicht alle so. Es wird besser."

Mounira

Gibt es noch die Idee, eines Tages zurückzukehren? „Nein, niemals", sagt
Mounira. Sie erträgt diese Angst nicht mehr. Der fürchterliche Lärm der
Bomben liegt ihr noch immer in den Ohren. Ihr Zuhause ist jetzt hier,
bei ihrer Familie. Hat sie für die vielen Menschen, die neu Zuflucht in
Deutschland suchen, einen Tipp, einen Ratschlag? „Ja,", sagt Mounira,
„dass sie in dem Land, das sie betreten, keine Gewalt anwenden. Dass
sie versuchen, hier anständig und in Frieden zu leben. ‚Wenn du von
einem Brunnen trinkst, schmeiße keinen Stein hinein'", sagt sie.

Noura

Mit all ihren Geschwistern, Schwägerinnen, Schwagern,
Nichten und Neffen, den Eltern und ihrem Mann
lebt Noura seit kurzem in Deutschland. Nach ihrem
ersten Ankommen aus Syrien kann für die 19-Jährige
nun die Orientierungsphase beginnen.

Wie sind Sie und Ihre Familie nach Deutschland gekommen?

Als erstes ist meine Mutter mit zwei Brüdern von mir und drei Enkel-
kindern mit dem Boot über das Mittelmeer gekommen. Das war vor
zwei Jahren. Sie haben alle viel Glück gehabt und die Fahrt überlebt.
Eigentlich sollte ihre Flucht weiter bis nach Schweden gehen, wo Verwandte von uns leben, aber die Polizei hat sie in Deutschland gestoppt.
Ich bin seit zehn Monaten in Deutschland. Ich konnte wegen der Fami-
lienzusammenführung nachkommen. Allerdings mit dem Flugzeug.

Wie sah Ihr Leben bis dahin in Syrien aus?

Wir haben in einer Siedlung für Palästinenser gelebt, denn meine Familie hat palästinensische Wurzeln. Ich habe mich gern mit Freundinnen
getroffen, Bekannte besucht und mit ihnen gemeinsam unsere Feste ge-
feiert. Ansonsten habe ich Zuhause alles in Ordnung gehalten. Als wir
Damaskus verlassen haben, hatte der Krieg in unserer Siedlung fast alle
Häuser zerstört. Auch das Haus, in dem ich und mein Mann wohnten
war schon einmal getroffen worden.

Seit wann sind Sie verheiratet?

Ich war 17 Jahre alt, als ich geheiratet habe. Mein Mann ist ein Freund
meines Bruders. Die beiden waren gemeinsam selbstständig in einer
Firma, die im Handy-Bereich tätig war. Irgendwann hat mein Mann
mich dort gesehen und wir mochten uns. Da hat er bei meinen Eltern
um meine Hand angehalten und meine Eltern haben „Ja" gesagt.

Noura

Sind Sie zu dieser Zeit noch zur Schule gegangen?

In Syrien habe ich die achte Klasse beendet. Danach habe ich geheiratet. Eigentlich wollte ich in der 9. Klasse den Schwerpunkt Gestaltung belegen und nach der Schule anfangen, Modedesign zu studieren. Dazu haben mir auch meine Eltern und meine Schwiegereltern geraten. Aber mein Mann wollte das nicht unbedingt und ich selber war zu jung, um wirklich zu wissen, was ich wollte.

Gibt es einen Mädchentraum oder haben Sie Pläne für die Zukunft?

Ich möchte mal „eine Moderne" werden. Ich kann mir vorstellen, überall zu leben, in London oder in New York. Und ich möchte Modedesign studieren. Später arbeite ich dann in meinem Beruf, ganz so wie mein Mann. Ich mag die demokratische Idee in Deutschland, zum Beispiel die Freiheit für Frauen, etwas zu lernen und zu arbeiten. In Syrien kann man nur dann einen Beruf erlernen, wenn man für die Ausbildung zahlen kann. Das ist hier anders. Jetzt mache ich seit einem Monat einen Deutschkurs, vier Mal in der Woche. Wenn ich die deutsche Sprache gut kann, werde ich einen Schulabschluss machen und hoffentlich etwas lernen. Und mit der Zeit wird mir hier alles vertraut sein und ich werde auch Menschen kennenlernen.

Gemeinsam lachen, chillen, Spaß haben

In Nouras Großfamilie herrscht ein reges Kommen und Gehen. Alle 29 Personen leben dicht beisammen in einer norddeutschen Kleinstadt und sind ganz füreinander da. Alle sind außerdem damit beschäftigt, allmählich in ihrem neuen Zuhause anzukommen. Sie besuchen Sprachkurse, warten darauf, eine passende Wohnung zu finden, machen sich Hoffnung auf einen Job. Es gibt viele Berufe in Nouras Familie: Maler, Bäcker, Friseur, Handyspezialisten. Beim Gespräch mit der jungen Frau sind einige Verwandte mit dabei. Das Interview ist scheinbar eine willkommene Abwechslung und vielleicht ist es auch gut zu wissen, welche Fragen gestellt werden und was Noura antwortet. Ihr jüngerer Bruder kann gut Deutsch sprechen und hilft beim Gespräch. Der 16-Jährige ist seit zwei Jahren in Deutschland und geht seither zur Schule. Die zaghaften Antworten seiner Schwester werden von ihm pflichtbewusst übersetzt. Vor jedem Satz holt der Junge tief Luft und leitet die Antwort mit einem etwas angespannten *Also, sie sagt ...* ein.

„Also, in Syrien tragen die Frauen die gleiche Mode wie hier", sagt sie und deutet auf die zerschlitzten Jeans ihrer jungen Schwägerin, die neben ihr im Café sitzt, wo ein Teil der Unterhaltung stattfindet. Manches sei in Syrien ganz ähnlich wie in Deutschland, darin sind sich die jungen Frauen einig, das Stadtleben, die Mode, die Musikbegeisterung der jungen Leute. So manches sei ähnlich, aber nicht das Wetter. „Hier ist ja so gut wie immer nur Winter", sagt Noura und die jungen Leute lachen. Sie lieben es zu lachen, lieben es, miteinander zu feiern, Spaß zu haben. Noura mag es auch, sich schick zu machen. So wie mit ihren Freundinnen in Syrien, die dann coole Fotos voneinander gemacht haben. „Was Frauen eben so machen", erklärt der Bruder etwas gelangweilt. Nouras Make-up jedenfalls sitzt für diesen Termin perfekt und ihr Kopftuch ist passend zur Kleidung sorgfältig ausgewählt. Man glaubt ihr den Traum vom Modeberuf sofort.

Der Weg dorthin steht für sie jedenfalls fest: erst die deutsche Sprache lernen und dann noch einmal zur Schule gehen und eine Ausbildung machen. „So schaffe ich das", sagt Noura mit fester Stimme. Auch ihr Mann sei ganz dafür, sagt die 19-Jährige. „Hier muss man lernen und arbeiten. Hier ist das Leben anders." Ganz anders ist auch Nouras neuer Alltag. In all den Monaten seit ihrer Ankunft hat sie noch niemanden aus Deutschland kennengelernt. Sie hat die Stadt, in der sie lebt, bisher nur einmal verlassen. Da war ihre Familie zusammen mit anderen neu Zugewanderten zu einem Ausflug in den Zoo eingeladen. Viel lieber würde die junge Frau zusammen mit ihren Geschwistern in die nahe gelegene Großstadt fahren, um sich dort Geschäfte anzusehen, das Stadtleben in Deutschland kennenzulernen, vielleicht ein Eis zu essen. Aber sie ist sich unsicher, wie sie dorthin kommen soll. Irgendwie fehlt ihr auch der Mut dafür.

Gegen die Langeweile guckt Noura stattdessen Fernsehserien oder Filme auf YouTube, hört Musik und tanzt in der Wohnung. Ihr Bruder mag arabischen Rap und wenn er selber rapt, ist Noura sein größter Fan, obwohl sie eigentlich romantische Lieder mag. In der Sprachlernklasse

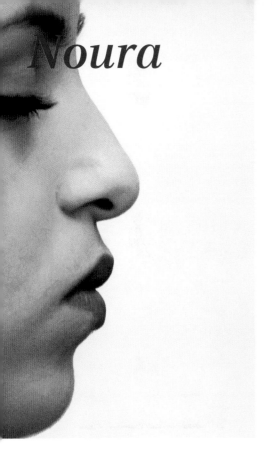

Noura

hat ihr Bruder einen Freund, der auch aus Syrien kommt. Mit ihm ist er ständig zusammen. Sein bestes Erlebnis in Deutschland war, dass er gut in der neuen Klasse angekommen ist, ohne dass ihn dort jemand ausgelacht hat. Mit einem deutschen Jungen hat er bisher noch nie etwas zu tun gehabt, schließlich gibt es in seiner Klasse keine deutschen Kinder. Am meisten vermisst er es, mit seinen früheren Freunden gemeinsam zu chillen, sagt er. Jetzt schreiben sie sich nur noch über WhatsApp.

Noura hat eine Freundin aus Syrien, die jetzt auch in Deutschland lebt. In Syrien sind die beiden Mädchen in die gleiche Schulklasse gegangen, jetzt wohnt die Freundin fünf Autostunden entfernt in einer anderen Stadt. Wie der Ort heißt, weiß Noura nicht, aber über Handy haben die beiden Kontakt. Irgendwann möchte Noura es schaffen, sich mit ihr zu treffen, gemeinsam bis früh morgens zu reden, Musik zu hören, Spaß zu haben und zu lachen.

Selam

Wenn man nicht das Geringste hat, wird Freiheit der größte Traum. Mit diesem Ziel im Herzen hat die junge Frau Heimat, Familie und Freunde verlassen. Jetzt ist sie dabei anzukommen. Selam ist nicht ihr richtiger Name, denn sie will anonym bleiben.

Sie haben vor sieben Jahren Ihre Heimat in Afrika verlassen. Warum?

Ich bin dort nach der Schule in die Armee eingezogen worden. In unserer Heimat ist das so. Alle Schülerinnen und Schüler werden nach der 12. Klasse zwangsweise eingezogen. Wer aus einer besseren Familie kommt und Glück hat, darf einen Beruf erlernen. Wenn man aus einer Familie wie der meinen kommt, muss man sein ganzes Leben lang beim Militär bleiben. Auch meine Geschwister und mein Vater sind dort. Ich aber wollte über mein Leben selbst entscheiden dürfen. Deshalb bin ich nach drei Jahren von dort desertiert und nach Deutschland geflüchtet.

Warum wollten Sie ihr neues Leben in Deutschland beginnen?

Um Geld für meine weitere Flucht zu verdienen, habe ich zunächst in einem afrikanischen Nachbarland bei wohlhabenden Beamten im Haushalt gearbeitet. Ich hörte sie über Deutschland reden. Darüber, dass die Menschen dort Rechte haben. Und ich habe Deutschland aus den Nachrichten in der Zeitung und besonders im Fernsehen kennengelernt. Die Menschen erschienen mir nett und hilfsbereit. Dort, wo ich damals war, gibt es genauso wenig Rechte wie in meiner Heimat. Auch dort ist man der Willkür anderer ausgesetzt. Darum habe ich nach dem Besseren gesucht.

Haben sich Ihre Vorstellungen von Deutschland bestätigt?

Meine Vorstellungen haben sich bestätigt – nein, sie sind übertroffen worden. Deutschland ist perfekt. Hier gibt es Demokratie und Freiheit und viele Menschen haben ein reines Herz für andere. Selbst meine Vorstellungen von weißem Schnee und kaltem Wetter haben sich erfüllt.

Was planen Sie für die Zukunft, wovon wollen Sie leben?

Ich muss jetzt erst einmal Deutsch lernen. Zunächst habe ich nur aufgeatmet und war erleichtert, hier in Sicherheit angekommen zu sein. Zusammen mit meiner kleinen Tochter und meinem Mann, den ich auf der Flucht kennengelernt habe. Jetzt hoffe ich, dass noch in diesem Jahr meine ältere, sechsjährige Tochter nachkommen kann und natürlich, dass mein Asylantrag bewilligt wird. Bis dahin versuche ich, Deutsch zu lernen. Erst dann kann es mit einem Beruf weitergehen.

Was stellen Sie sich als Beruf vor?

Ich kann mir gut vorstellen, für eine Putzfirma zu arbeiten, die Bürogebäude oder schöne Häuser reinigt.

Haben Sie Kontakt zu Deutschen?

Ich habe freundschaftliche Kontakte zum Frauenzentrum. Dort gibt es alle möglichen Nationalitäten und die Helferinnen sind deutsch. Und dann habe ich auch Kontakt zu meiner Kirchengemeinde. Ich bin katholisch. Die Kirchengemeinde will mir helfen, meine Tochter zu mir nach Deutschland zu holen.

Der lange Ausbruch

Ihr richtiger Name heißt übersetzt *Geschenk Gottes*. Nicht nur ein Kind, auch die Freiheit des Menschen sollte eigentlich ein Geschenk Gottes sein. „Die Christen aber", so sagt es Selam, „verlassen sich dabei nicht allein auf die Hilfe Gottes, sondern auch auf die eigenen Kräfte." Und so hat sie den Kampf um ihre Freiheit aufgenommen. Sehr lebendig sitzt die junge Frau in ihrem Sessel, wirkt dabei ganz offen und beginnt dennoch nur zaghaft, einen Ausschnitt ihrer Geschichte zu erzählen.

„In meinem Land kontrolliert das Militär einfach alles. Das Land befindet sich nicht im Krieg und trotzdem hat es eine der größten Armeen Afrikas", sagt sie. „Sie entscheiden darüber, wo du lebst, was du tust und arbeitest, und mit wem du dich triffst. Wir sind für sie wie Sklaven." Drei Jahre lang erlebte die zierliche Frau den Drill und die Schikane des totalitären Systems. Drei lange Jahre von einem ganzen Berufsleben, das sie dort erwartete. Und sie sah, wie vor ihren Augen ein Deserteur umgebracht wurde. Was mit ihr passieren würde, wenn man sie bei der Flucht erwischt, wusste sie genau: Man würde sie in einen Keller sperren und sie dort verhungern lassen.

Trotzdem hat sich die Zwanzigjährige für die Flucht, für den Ausbruch aus der Armee entschieden, so wie Zehntausende vor und nach ihr. Selams erstes Ziel war das Nachbarland, in dem eine Cousine von ihr lebt. Die Flucht dorthin dauerte neun Tage. Neun Tage an der Seite eines fremden Mannes, den sie unterwegs traf und der ihr den dringend nötigen Schutz bieten sollte, für den sie nicht zahlen konnte. Zumindest nicht mit Geld. Die Bezahlung, die er forderte, war der Beischlaf. Nachdem sie an ihrem Fluchtziel angekommen waren, hat sie ihn nie wieder gesehen – und sie war schwanger.

Vier Jahre lang hat Selam auf die nächste Etappe ihrer Flucht gewartet und Geld dafür verdient. Mit dem Ersparten konnte sie ihren weiteren Weg organisieren. Ihre kleine Tochter aber ließ sie zurück. Zu gefährlich war die lange Reise, die so schnell mit dem Leben bezahlt wird. Um das Mädchen kümmern sich bis heute die Cousine und die Mutter. „Wenn

meine Mutter meine Tochter zu sich in ihr Heimatland mitnehmen würde, würden sie ihr das Kind wegnehmen. Weil ich geflohen bin und es
offiziell keine Tochter von mir gibt." Also reist die Großmutter alle paar
Monate in das Nachbarland, um sich um ihre Enkeltochter zu kümmern.

Um die nächste Fluchtetappe zu organisieren, schließt sich Selam
einer Gruppe von etwa 25 anderen Flüchtlingen an. Und sie verliebt sich
dort in einen Mann. Die beiden heiraten und er schreibt ihr seine Kontaktdaten bei Facebook auf einen Zettel, denn die weitere Flucht wird
gefährlich sein. Unmittelbar danach wird die Gruppe von der Polizei
aufgespürt und die jungen Menschen verstreut es in alle Richtungen.
Im Spätsommer, nach neun weiteren Monaten, erreicht die junge Frau
Lampedusa. Ohne ihren Mann. „Nach einem weiteren Monat bin ich
in Deutschland angekommen. Ich habe mir so schnell wie möglich ein
Handy gekauft und meinen Mann auf Facebook gesucht – und gefunden." Auch er war inzwischen angekommen. Ihr gemeinsames Kind ist
nur wenige Wochen später geboren.

Wenn alles gut geht, könne ihre ältere Tochter noch in diesem Jahr
nach Deutschland kommen, sagt die deutsche Behörde. Der Tag, an dem
Selam dies hört, ist einer ihrer glücklichsten. Ihre Tochter war für die
junge Mutter bisher Grund, Antrieb und Kraftquelle für ihre unermüd-
liche Suche nach Freiheit und einem besseren Leben. „Um ihr Gutes zu
tun, habe ich nach vorne geblickt und weitergemacht. Jetzt ist es soweit,
dass auch sie hoffentlich bald in Sicherheit ist", sagt sie, die selbst aktuell
nur geduldet ist in Deutschland. Für die Hilfe, die sie bisher erfahren hat,
ist sie ungeheuer dankbar. „Ich bin so gut unterstützt worden, vom Amt
und von anderen Helfern. Man hat mir Kleidung und ein Dach über dem
Kopf gegeben. Ich bin im Krankenhaus versorgt worden und jetzt , jetzt
bekomme ich Hilfe, damit meine Tochter bei mir leben kann."

Mit ihrer Mutter telefoniert Selam täglich, wenn diese bei der Tochter ist. Mit dem Vater und den Geschwistern in der Heimat nur einmal im Monat. Mit ihnen zu telefonieren, ist kompliziert und teuer, denn einen Zugang zum World Wide Web haben sie dort nicht. Sie leben schließlich wie in einem Gefängnis.

Shakila N.

Ihr Büro ist einladend und elegant. Die Menschen,
die hierherkommen, sollen sich wohlfühlen.
Manchmal sitzen ganze Familien auf dem gemütlichen
Sofa und lassen sich von Shakila beraten.
Heute ist es die Sozialpädagogin selbst, die aus
ihrem Leben erzählt.

Warum hat Ihre Familie Afghanistan verlassen?

Bis die Mudscheddin an die Macht kamen, lebte meine Familie westlich orientiert. Darum hatten wir natürlich eine besonders kritische Einstellung der neuen politischen Entwicklung gegenüber. Besonders junge Mädchen lebten in Gefahr vor den Islamisten. Neben Raketen und Bomben gab es für sie die ständige Gefahr, abgestraft oder entführt zu werden. Als wir geflohen sind, hatten wir nicht einmal die Zeit, unsere Papiere und Zeugnisse zusammenzusuchen. Einen Monat lang hat die gefährliche Reise zu Fuß, mit dem Flugzeug und mit der Bahn gedauert. Dann sind wir in Deutschland angekommen.

Warum haben Sie Deutschland als Zufluchtsort gewählt?

Wir hatten gehört, dass Deutschland politisch ruhig und für uns Flüchtlinge besser als jedes andere Land sei. Dazu trug auch bei, dass man in den Achtzigerjahren als Afghane kein Visum für Deutschland brauchte. Die politischen Beziehungen zwischen den Ländern waren sehr freundschaftlich. Aber die tatsächlichen Lebensbedingungen in Deutschland kannten wir in Afghanistan damals gar nicht. Darum war es umso wichtiger, dass wir bereits Verwandte und Bekannte in Deutschland hatten. Denn allein sein ist schwer.

Wie sah Ihre persönliche Situation damals aus?

Als ich nach Deutschland kam, war ich 19 Jahre alt und hatte in Afghanistan bereits mein Jurastudium abgeschlossen. In Deutschland musste ich ganz von vorne beginnen, die Sprache erlernen, mein Abitur nachmachen und schließlich noch einmal studieren. Und das alles immer in der Ungewissheit, wie es weitergeht. Denn mein damaliger Mann, meine Kinder und ich haben zehn Jahre lang ohne feste Bleibeperspektive in Deutschland gelebt. Von der einen sechsmonatigen Duldung zur nächsten. Erst, als ich mein Studium beendet hatte, haben wir zeitgleich unsere Aufenthaltsgenehmigung bekommen.

Was hat Sie auf Ihrem schwierigen Weg hilfreich begleitet?
Jeden Tag einen kleinen Erfolg zu erleben, das gibt mir Mut. Als ich ein paar Worte Deutsch sprechen konnte, haben die Leute zu mir gesagt: *Ah, du kannst übersetzen!* Und das hat sich Stück für Stück immer weiterentwickelt. In Liebe zu leben, das gibt mir sehr viel Kraft. Denn das Leben ist schön – trotz allem.

Was erfüllt Sie mit Hoffnung?
Meine Überzeugung ist: Jeder Mensch hat wertvolle Potenziale. Ich rate den Menschen, die ich unterstütze, an sich zu glauben und davon auszugehen, dass man ankommt, wenn man Ziele hat. Ich sage ihnen: Du musst nur Mut haben. Einfach vorwärtsgehen. Dir sagen: Ich werde es versuchen, egal wie schwer es ist. – Ich weiß aus eigener Erfahrung, dass es viele, so gute Menschen gibt. Also sage ich: Niemals die Ziele vergessen und an die Menschheit glauben!

Wofür sind Sie dankbar?
Ich liebe dieses Land, in dem ich lebe. Ich bin dankbar für die individuelle Freiheit, die hier möglich ist. Und ich bin heute einmal mehr dankbar dafür, dass die Menschen hier trotz aller Schwierigkeiten und Probleme einen Platz für all die neuen Einwanderer finden. Dass sie Leben retten. Gerade jetzt angesichts der zahlreichen Flüchtlinge ist es so wichtig, zueinander gucken zu können.

Ein Mensch ist eine ganze Welt

 „Krisenberatung für Flüchtlinge & Migranten" steht an der Bürotür von Shakila. Die selbstständige Sozialpädagogin und Sozialarbeiterin unterstützt Einwanderer in allen Lebensfragen. Nicht nur in bürokratischen Belangen, sondern auch in individuellen und persönlichen Angelegenheiten. „Die Flüchtlinge, die in Deutschland ankommen, wollen wissen, wie dieses Land überhaupt tickt", sagt Shakila. Sie bräuchten Orientierung, Lebensberatung. Bevor sie ihren Klienten einen persönlichen Unterstützungsplan an die Hand gibt, hat sie im Gespräch herausgefunden, wo die Ressourcen und Anliegen der Gesprächspartner liegen. Und dann geht es in überschaubaren Schritten möglichst nach Plan voran.

Seit einem dreiviertel Jahr betreibt Shakila ihre Lebensberatung für Einwanderer aus allen Ländern. „Mein Gefühl ist für alle Menschen gleich", sagt sie, „deswegen spielen Religion und Herkunft bei mir keine Rolle." Ihre beruflichen Erfahrungen hat die Afghanin als langjährige Mitarbeiterin in einem multikulturellen Verein, in einer Anwaltskanzlei und beim niedersächsischen Flüchtlingsrat erworben. Heute kann sie ihr breit gestreutes Wissen in den Beratungsgesprächen weitergeben, die häufig über Institutionen wie die Arbeitsagentur oder das Jugendamt vermittelt werden. Dabei hört sie so viele Geschichten, bei denen sie sich fragt: *Wie kann ein Mensch das bewältigen, wie danach neu anfangen?* Es sind Geschichten dabei, die sie eines Tages aufschreiben möchte, weil sie sonst verloren gehen.

Allein ihre eigene Geschichte ist alles andere als einfach gewesen. Als Shakila mit 19 Jahren nach Deutschland kam, hatte sie schon ein erfolgreich absolviertes Jurastudium hinter sich. Doch ihr Abschluss zählte nicht. Im Gegenteil, sie musste noch einmal zurück auf die Schulbank, weil auch ihr afghanisches Abitur nicht nachgewiesen werden konnte. Sie besuchte also zunächst einen Sprachkurs nach dem anderen, bestand die dazugehörigen Tests und machte schließlich ein zweites Mal ihr Abitur. Eine Tortur für sie, denn aufgrund ihrer Lebenssituation litt sie zu dieser Zeit an ständigen Kopfschmerzen und Sehstörungen.

Shakila N.

Das familiäre Zusammenleben war problematisch, die Familie lebte in ununterbrochener Angst vor einer Abschiebung, zurück in ein Land, in dem Rückkehrer gefoltert und Abtrünnige in Fußballstadien öffentlich hingerichtet wurden. Shakila gab nicht auf, blieb standhaft. Mit diesem Selbstverständnis ist sie von Kindheit an aufgewachsen. Ihr Vater war als intelligenter und ambitionierter Mann Leiter der afghanischen Nationalbank und in seinem Denken westlich geprägt. Ihre Mutter hatte als Kind nicht das Glück, sich bilden zu können, auch später als siebenfache Mutter nicht. Dafür war sie umso strebsamer, was die Bildung ihrer Kinder betraf. Darum wurde Shakila bereits mit fünf Jahren eingeschult und ein Nachbarsmädchen als Unterstützung in schulischen Fragen engagiert. Die Bemühungen der Mutter fielen auf fruchtbaren Boden. Ihre Tochter wurde eine gute und ehrgeizige Schülerin. In den dreimonatigen Winterferien schaute sie sich bereits den Stoff des kommenden Schuljahres an. Auf diese Weise hat sie schließlich zwei Klassen überspringen können und war mit 19 Jahren ausgebildete Juristin.

Shakilas großes Ziel war es immer, sich hilfreich für Menschen einsetzen zu können. Doch zunächst musste sie selbst ein Teil der nun neuen Gesellschaft werden. Ohne Aufenthaltserlaubnis durfte sie ein erneutes Jurastudium nicht beginnen. Aufgrund ihrer guten Schulnoten und ihrer beruflichen Praxis aber, die sie in einer deutschen Anwaltskanzlei gesammelt hatte, wurde ihr per Einzelfallentscheidung ein Sozialpädagogikstudium gestattet. Inzwischen hat Shakila eine Zusatzausbildung als systemische Familien- und Sozialtherapeutin gemacht. „So kann ich ganz für die Menschen da sein. Ich brauche diese individuelle Arbeit, möchte die Seele der Menschen in die Hand nehmen und ihnen weiterhelfen", sagt sie. Shakila hat viele berufliche Erfolge vorzuweisen. Ihren eigentlichen Erfolg jedoch sieht sie darin, dass sie ihre Kinder als weltoffene Menschen erzogen hat. Heute gehen sie ihre eigenen Wege, studieren beide und auch Shakilas Sohn hat für sich entschieden, dass in seiner Welt Frauen und Männer gleichwertig sind.

Shakilas dringender Wunsch ist, dass sich die Welt zum Besseren verändert. In ihrem persönlichen Gesellschaftsmodell gäbe es eine ausgewogene Mischung aus individueller Freiheit und einem traditionellen Miteinander. Dafür müsste allerdings die Privatsphäre etwas weniger groß geschrieben werden, als in vielen westlichen Ländern üblich. Stattdessen gäbe es mehr Raum für das zwischenmenschliche Miteinander. „Wir leben aktuell aufgrund des weltweiten Terrorismus in einem Schockzustand. Ich hoffe auf politische Lösungen und darauf, dass wir nicht stehen bleiben, dort, wo wir aktuell sind. Mein Beitrag dazu ist die Arbeit mit den Menschen. Im Grunde ist jeder Mensch immer auch eine ganze Welt." Die wichtigste Ressource von uns Menschen sei die Fähigkeit, im Miteinander glücklich zu sein. Zugewandte Gespräche mit Freunden, Bekannten und Verwandten könnten so manche Therapiestunde und Tablette ersetzen, sagt die Sozialpädagogin.

Manchmal beschleichen Shakila Zweifel. Ob sie in ihrer Heimat nicht noch dringender gebraucht wird als hier in Deutschland? Manchmal weiß sie darum nicht, ob ihre Sehnsucht nach Afghanistan etwas mit Heimatverlust zu tun hat oder mit diesem Gefühl, dort gebraucht zu werden. „Mit dem Herzen bin ich immer in Afghanistan und zugleich hier in Deutschland", sagt Shakila.

Die
Namenlose

Sie ist die Frau,
die ihr altes Leben nicht länger
ausgehalten hat.

Sie ist die Frau,
die sich auf den Weg gemacht hat.

Sie ist die Frau,
die in der Wüste verdurstet ist.

Sie ist die Frau,
die auf der Flucht umgebracht wurde.

Sie ist die Frau,
die im Mittelmeer ertrunken ist.

Sie ist die Frau,
deren Lebensenergie gebrochen ist.

Sie ist die Frau,
die nie angekommen ist.